2017-2018年中国工业和信息化发展系列蓝皮书

The Blue Book on the Development of Informatization in China (2017-2018)

2017-2018年
中国信息化发展
蓝皮书

中国电子信息产业发展研究院　编著

主　编／曲大伟

副主编／杨春立

人民出版社

责任编辑：邵永忠
封面设计：黄桂月
责任校对：吕　飞

图书在版编目（CIP）数据

2017－2018年中国信息化发展蓝皮书／中国电子信息产业发展研究院 编著；
曲大伟 主编．—北京：人民出版社，2019.3
ISBN 978－7－01－020575－5

Ⅰ.①2…　Ⅱ.①中…　②曲…　Ⅲ.①信息化进程—研究报告—中国—
2017－2018　Ⅳ.①G203

中国版本图书馆 CIP 数据核字（2019）第 053242 号

2017－2018年中国信息化发展蓝皮书

2017－2018 NIAN ZHONGGUO XINXIHUA FAZHAN LANPISHU

中国电子信息产业发展研究院 编著

曲大伟 主编

人 民 出 版 社 出版发行

（100706　北京市东城区隆福寺街99号）

北京市燕鑫印刷有限公司印刷　新华书店经销

2019年3月第1版　2019年3月北京第1次印刷

开本：710毫米×1000毫米 1/16　印张：13.25

字数：210千字　印数：0,001—2,000

ISBN 978－7－01－020575－5　定价：55.00元

邮购地址　100706　北京市东城区隆福寺街99号

人民东方图书销售中心　电话（010）65250042　65289539

前　言

2017年是我国信息化发展承前启后的一年，“十三五”信息化相关的国家战略、规划全面进入实施阶段，党的十九大又进一步勾画了建设网络强国、数字中国、智慧社会的宏伟蓝图，进一步指明了我国信息化在更长远未来的发展方向。一系列贯彻落实中央决策部署、国家战略规划的政策措施被发布和实施，全国信息化在保持高速发展态势的同时，发展质量也不断优化。电子政务发展更加协调，迈入整合创新、全局优化新阶段；数字经济发展亮点纷呈，成为我国经济保持稳定增长和转型升级的重要驱动；新技术研究和应用不断取得突破，人工智能、无人驾驶汽车、区块链等技术带来的颠覆性变革已经拉开序幕。2018年4月19日至21日，全国网络安全和信息化工作会议在北京召开，中央政治局常委全体出席会议，习近平总书记在会上强调，网信事业代表着新的生产力和新的发展方向，应该在践行新发展理念上先行一步。总书记的讲话为信息化发展赋予了超出以往的重大意义，信息化将成为在当前国际环境复杂多变条件下，我国全面深化改革攻坚克难的先手棋。本书主要跟踪梳理我国信息化发展最新趋势，内容涵盖信息化政策、网络基础设施建设、新一代信息技术产业、两化融合、电子政务、智慧社会、农业农村信息化、智慧城市、信息消费、网络安全等领域。在此基础上，总结归纳2017—2018年我国信息化主要进展，并对未来我国信息化面临的形势和发展趋势进行研判。

由于时间和水平有限，错误和疏漏之处在所难免，恳请读者批评指正。

目　录

综　合　篇

领 域 篇

发展篇

政　策　篇

热　点　篇

展　望　篇

综 合 篇

第一章　2017 年中国信息化发展现状

第一节　我国信息化发展环境进一步优化

2017 年，我国信息化相关政策、法规、规范、标准等密集出台，信息化发展环境持续优化。信息化政策体系逐步完善，国家层面明确了未来 5—10 年信息化发展目标和重点任务。《国家信息化发展战略纲要》和《“十三五”国家信息化规划》印发后，国家互联网信息办公室会同有关部门细化落实 74 项重点工作任务，明确工作目标、进度安排和考核指标，扎实推进重大任务、重点工程实施。[①] 各地、各部门纷纷开展信息化顶层设计，河南、安徽等省份以及国家旅游局、商务部等部门制定了信息化发展规划，规范和指导“十三五”时期信息化发展。信息化标准、规范相继出台，《“十三五”信息化标准工作指南》印发实施，强化标准对信息化发展的支撑引领作用。司法部、卫计委、工信部分别出台了《全国司法行政信息化总体技术规范》《电子病历应用管理规范（试行）》《国家车联网产业标准体系建设指南（2017 年）》等一系列文件，推动行业信息化建设与发展。信息化立法进程加快，《中华人民共和国网络安全法》颁布实施，对于全面规范网络空间安全具有重要意义。截至 2017 年底，《“十三五”国家信息化规划》确定的国内信息技术发明专利授权数、光纤用户占宽带用户的比例、固定宽带家庭普及率、贫困村宽带网络覆盖率等 4 项指标已经提前完成。

① 《数字中国建设发展报告（2017）》，2018 年 4 月 22 日。

第二节　边缘计算、区块链、人工智能等前沿技术创新应用加速

2017年，边缘计算、区块链、人工智能等前沿技术加速融合发展，应用深度和广度持续拓展。边缘计算技术广泛应用于智能制造、智慧城市、能源管控等领域，如戴尔的边缘网关5000系列、华为的EC－IoT解决方案等。区块链技术加快金融服务、精准扶贫、社会公益等领域应用步伐，如央行的数字票据交易平台、腾讯可信区块链方案落地“公益寻人链”、工商银行的精准扶贫区块链管理平台等应用。我国政府高度重视人工智能发展，制定出台了《“互联网＋”人工智能三年行动实施方案》和《新一代人工智能发展规划》，为构筑我国人工智能发展先发优势指明了方向。6月，人工智能产业创新联盟成立，近200家成员单位加盟。人工智能平台建设取得新进展。11月，国家公布人工智能开放创新四大平台：百度的自动驾驶平台、阿里云的城市大脑平台、腾讯的医疗影像平台和科大讯飞的智能语音平台。企业加速布局AI生态建设。腾讯发布“AI生态计划”，与合作伙伴协同构筑AI生态。百度宣布了“ALL IN AI”的战略布局和AI生态开放战略，对社会开放60项AI核心能力。阿里巴巴将投资150亿美元用于量子计算和人工智能等前沿科技领域。无人驾驶、人脸识别、无人机等应用场景，成为人工智能应用的重要领域。比亚迪、福田汽车、长安汽车等多家公司已布局无人驾驶领域。微眼科技攻克单旋翼直升无人机人工智能控制系统和智能地面控制站等核心技术，研发出无人直升机飞控系统，让无人机实现自主飞行。

第三节　数字经济成为我国经济发展新亮点

2017年，我国高度重视数字经济发展，首次将数字经济写入《政府工作报告》，并在党的十九大报告中提出，要围绕建设网络强国和数字中国，推动互联网、大数据、人工智能和实体经济深度融合，培育新增长点、形成新动

能。地方政府积极谋划数字经济发展，贵州、河北、浙江分别出台了数字经济发展规划，加快数字经济发展步伐。网信企业加速布局数字经济，如浪潮的政务云和企业云、阿里巴巴的数字中枢等。在政策引导和市场需求的拉动下，我国数字经济发展迅速，规模、比重和增速均跃居世界前列，成为拉动经济增长的新亮点。中国信息化百人会课题组报告显示，2016年我国数字经济规模首次超过22.4万亿元，占GDP比重达到30.1%。数字经济高速增长，增速达到16.6%，居世界首位。此外，全世界262家“独角兽”企业（估值超过10亿美元的私营初创企业）中有1/3是我国企业，占全球“独角兽”企业总估值的43%。数字产业发展优势凸显，《中国“互联网+”数字经济指数（2017年）》数据显示，到2016年底，全国数字产业增长迅猛，指数增速达到190.78%。医疗健康、交通物流和教育行业成为数字产业重点发展领域。

第四节　制造业与互联网全面融合步伐加快

2017年，在各级政府的强力支持下，制造业与互联网全面融合步伐进一步加快。国家层面组织开展了制造业与互联网融合发展试点示范、制造业“双创”平台试点示范等活动，推动成立了中国制造企业“双创”发展等一批联盟，加速推进制造业与互联网融合发展和落地推广。湖北、云南、贵州、南京、嘉兴、台州、惠州等多地制定了制造业与互联网融合发展的细化实施方案。制造业“双创”步入全面实施阶段。8月，工信部发布了《制造业“双创”平台培育三年行动计划》，构建制造业“双创”新生态、新模式、新动能、新环境。制造企业积极搭建各类“双创”平台，涌现出航天云网、中航工业、青岛海尔、中信重工等一批全球性、跨行业的开放式“双创”平台。制造企业上云进程提速。4月，工信部召开工业云平台建设及应用推广现场会，加快推进工业云平台建设取得实效。江苏、浙江、山东、济南、衢州、舟山等省市纷纷发布企业上云行动计划，推进企业向“智能制造”转型。制造企业数字化转型加速推进。海尔发布“智汇云”，以云服务赋能制造业中小微企业的数字化转型。三一集团与腾讯云合作搭建“根云”平台，以数字化驱动“中国制造”向“中国智造”进化。红领集团推出“酷特”，实现全过程数据化驱动和网络化运作。制造企业提速布局工业互联网平台，海尔 COSMOPlat、航天科工 INDICS 等一批工业互联网平台相继涌现。

第五节　新型信息产品、服务引领信息消费扩大升级

2017 年，智能终端产品层出不穷，移动支付技术应用场景不断丰富，我国信息消费服务模式迭代升级加速。国家高度重视扩大和升级信息消费。国务院常务会议指出，要聚焦生活类、公共服务类、行业类等消费新领域及新型信息产品，推进信息消费升级，8 月出台了《国务院关于进一步扩大和升级信息消费持续释放内需潜力的指导意见》。共享经济引领信息消费新方向，共享单车、共享汽车、共享房屋、知识分享等新模式新业态不断涌现，满足消费者多样化需求。新型智能产品和服务迭代升级加速，智能穿戴设备、智能网联汽车、智能医疗设备、无人机等产品和服务层出不穷，高度契合消费者个性化需求。信息消费供给场景多元化态势明显。支付宝、微信支付、蚂蚁金服等发起“无现金城市周”“2017 无现金日”“无现金城市”等活动，倡导无现金出行消费。友唱 M - bar、自助橙汁机、自助结账机、智能快递柜、自助式摄影站、“缤果盒子”“Mody”“淘咖啡”“便利圈”等自助模式快速兴起，逐渐成为信息消费新趋势。移动化、智能化、平台化信息消费新生态逐步完善，微鲸、小米等构建数字内容服务生态优势；阿里巴巴打造智能生活服务平台；腾讯将手机 QQ 和微信植入智能硬件。

第六节　一体化政务服务体系建设取得积极进展

2017 年，国家电子政务在“互联网 + 政务服务”和政务信息共享领域取得重要突破。《“互联网 + 政务服务”技术体系建设指南》的印发实施为加强全国一体化的“互联网 + 政务服务”技术和服务体系整体设计铺平了道路。《政务信息系统整合共享实施方案》《政务信息资源目录编制指南（试行）》

《政务信息系统整合共享督查工作方案》和《政务信息系统整合共享督查重点工作安排》等一系列文件先后印发实施，推动政务信息共享取得实质性进展。政务信息共享的突破为“互联网+政务服务”实现“信息多跑路、群众少跑腿”提供了关键条件，“互联网+政务服务”的深入推进又倒逼政务信息共享进一步加快。浙江、江苏、广东、福建等多个地方打通了政务信息共享的渠道，建立了跨部门共享的电子证照库，并在信息全面共享的基础上实现了一体化的网上政务服务。人社、教育、住房公积金等部门实现了全国数据共享，推动医保就医异地结算、跨省异地转学、公积金异地贷款等服务在全国范围内实施。省级统筹的一体化网上政务服务平台建设全面推进，据调查，全国已有27个省（市）开通了网上政务服务平台，其中，12%的平台实现省、市、县、乡四级覆盖，50%的平台实现省级部门覆盖。宁波以浙江政务服务网宁波平台为依托，全面推进“互联网+政务服务”，形成“上连省厅、下至乡镇”的四级联动综合服务体系，可受理办事服务事项达7.4万项。

第七节　数字丝绸之路建设成效显著

2017年5月，习近平主席在“一带一路”国际合作高峰论坛上提出要加快连接成21世纪的“数字丝绸之路”。一方面，推进沿线各国信息基础设施的互联互通是数字丝绸之路建设的核心所在。2017年，三大运营商加快沿线国家和地区信息基础设施建设，在沿线国家和地区部署跨境陆地光缆、国际海缆、信息驿站、TD－LTE网络、海外直联点、数据中心等设施建设，提升“一带一路”信息基础设施互联互通水平。另一方面，跨境电子商务通过构建无国界、开放性、便捷性的普惠贸易模式，能够推动实现沿线各国物流、信息流和商流高度统一，成为我国企业加快海外布局、开展信息化国际合作的着力点。阿里巴巴与马来西亚共同启动中马eWTP“数字中枢”建设，为当地企业提供支付、物流等一站式服务。蚂蚁金服先后与印度、泰国、菲律宾、印尼等国家展开战略合作，共同打造当地版支付宝。速卖通海外买家数累计突破1亿，每天访客超过2000万。微信支付在泰国的应用为第三方服务商带来了更大的市场空间。“京东售全球”将中国商品销往俄罗斯、乌克兰、波兰、泰国、埃及、沙特阿拉伯等54个沿线国家。敦煌网打造全球领先的数字贸易生态圈，为买卖双方提供从产品上传、翻译、营销、售后，到关、检、税、汇、仓等一站式服务，帮助中小企业融入数字丝绸之路，实现“买全球、卖全球”。

第八节 网络空间安全管理顶层设计体系基本形成

2017年6月，《中华人民共和国网络安全法》正式实施，这是我国建立严格的网络治理指导方针的重要里程碑。此后，为推动《中华人民共和国网络安全法》的落地实施，相继出台了《国家网络安全应急预案》《网络产品和服务安全审查办法（试行）》《网络关键设备和网络安全专用产品目录（第一批）》《公共互联网网络安全威胁监测与处置办法》《公共互联网网络安全突发事件应急预案》《个人信息和重要数据出境安全评估办法（征求意见稿）》《关键信息基础设施安全保护条例（征求意见稿）》等一系列法律法规和规范性政策文件。在标准制定方面，全国信息安全标准化技术委员会加快推动重点标准研制，包括网络安全产品与服务、关键信息基础设施保护、网络安全等级保护等国家标准的研究。目前，基本形成了全面、系统的网络空间安全顶层设计、政策体系、组织保障和工作机制。

第二章　2017 年中国信息化发展存在的主要问题

第一节　人工智能等新技术新应用存在监管真空

人工智能、5G、大数据等信息通信技术高速发展，给政策制定和行业监管带来极大挑战。以自动驾驶应用为例，百度自动驾驶汽车路测过程中，因交管部门无自动驾驶测试相关规定，百度公司只能安排驾驶员坐在方向盘后面，而交管部门也默认为有人驾驶而未加干涉。金融监管的规则要求加强信息披露，而金融区块链技术的匿名性对历史交易信息进行了加密保护，为跟踪交易链条和寻找相应密匙带来极大困难。此外，随着数字货币受到热捧，很多互联网金融平台打着区块链、虚拟货币的旗号经营，一些平台利用高收益进行虚假宣传开展业务，而相应的监管机制尚未完善，互联网金融消费者的权益极易受到侵害。国内多地对汽车分时租赁市场的监管大多仍属空白，对于分时租赁汽车的投放规模、市场准入规范、车辆性质定义、安全、保险等事项均未作出明确的规定，监管乏力使得安全保障不力、服务质量不高、权责认定不清楚等问题出现的可能性极大。

第二节　制造业“双创”平台同质化问题日益凸显

截至 2017 年底，我国制造业骨干企业“双创”平台普及率接近 70%。但应注意到，在各类“双创”平台蓬勃发展的同时，平台同质化问题日益凸显，制约了平台的健康发展和效能发挥。主要体现在三个方面：一是建设载体同质化。制造业“双创”平台建设重线下轻线上，一些地方政府出于政令执行的考虑，更多地将工作重点放在扩张速度快、短期内更易展示成效的创客空间、创业咖啡、创新工场、孵化器等线下众创空间建设；一些企业受短期利益驱动，更多地将投资重点放在盘活土地、楼宇等存量资产上，通过“跑马圈地”、出租众创空间等方式实现地产盈利。相反地，对资金需求大、建设难度高、见效周期长的互联网“双创”平台关注程度不够，在平台的体系架构、技术实现、服务模式、应用场景等方面缺乏系统认知和统筹考虑，导致出现线下“双创”载体遍地开花、线上“双创”平台建设推广进程缓慢的局面。二是建设路径同质化。制造业“双创”平台需要整合设备制造商、系统集成商、网络运营商、平台提供商、第三方开发者、用户企业等众多主体，对企业跨界融合、协同创新的水平要求较高。如GE、西门子等跨国巨头，基于Predix平台和MindSphere平台，重视与制造业、互联网、信息技术服务等领域领军企业在通用标准制定、技术融合、工业APP开发、个性化解决方案制定等方面的深层次合作，形成了开放式生态系统，制造业优势地位得到不断巩固和强化。我国制造业“双创”平台建设刚刚起步，海尔COSMO、航天云网、树根互联等制造业“双创”平台在建设过程中基本处于单打独斗状态，平台社会化开放程度不高，跨界合作主要集中在单行业、单产业链，跨产业链布局和协同水平不高，在技术联合攻关、通用标准制定、专业化系统解决方案等方面融合融通的深度、广度仍待拓展，尚不足以支撑打造具有国际竞争力的制造业生态体系。三是服务内容同质化。大多数“双创”平台以提供普适性信息服务为主，高端化、专业化、定制化服务少。特别是面向行业提供工业设计模型、数字化模具、产品和装备维护知识库等的高端服务能力欠缺，将工业技术、工艺知识和制造方法软件化的水平亟待提升。面向中小微企业的“双创”平台大多以提供政策咨询、网络服务等信息服务为主，中小微企业急需的投融资、技术支撑、创业培训、品牌推广等高端创业孵化服务较少。

第三节　部分制度规范滞后制约政府在线服务效能发挥

政务服务现行的相关政策法规对通过互联网供给服务的考虑不足，主要是规范和管理传统条件下的基本公共服务，不能适应互联网环境下政务服务发展的制度需求。在服务的申请方式、交付方式上，很多领域还要求提供盖章的纸质文件，电子文件、电子印章、电子证照的法律效力还没有得到全面认同。例如，全国绝大多数城市的公共租赁住房管理办法都要求申请人提交个人身份、户口、婚姻、收入、职业、社保、纳税等数十项纸质、盖公章的证明材料，申请人办理材料的过程极其烦琐。北京和深圳汽车摇号均可以全程在线办理，纳税情况、社保情况、个人基本信息的核对都通过跨部门信息共享完成，但两地的公租房管理办法都规定申请公租房要提供纸质证明材料，而且证明材料数量都达到20份之多，在现行的公租房管理办法框架之下，信息化的手段就无法在公共租赁住房服务中得到深化应用。

第四节　跨境数据流动管理亟待加强跟进

当前，跨境数据流动已经成为数字贸易的重要推动因素，跨境数据流动安全管理的重要性也引起了广泛关注。我国跨境数据流动管理制度刚刚起步，尚有待进一步完善。一是没有建立完善的跨境数据流动法律制度体系。国家在跨境数据流动的监管体系、标准、部门职责、数据分类管理、数据主体权利义务、安全审查、评估与认证等方面均缺乏相应的制度安排。二是跨境数据流动管理国际合作程度不深。目前我国跨境数据流动管理倾向于采用本地化存储和安全审查，尚未与国际贸易伙伴建立跨境数据流动互信机制，国际话语权薄弱，阻碍了跨境数据的顺利流动。三是企业内部普遍没有制定跨境数据分级分类管理、收益处罚等管理制度，通过服务外包、合作等渠道泄露关键数据的情况时有发生。

第五节　网络安全形势依然严峻

网络时代，个人生活在网，企业生产在网，甚至国家运行在网，网络安全已不再是单点受侵的局部问题，而是成为牵一发而动全身的全局问题。没有网络安全，就没有国家安全，网络安全已经上升至国家战略高度。我国网络安全威胁依然严峻。WannaCry勒索病毒的大爆发导致全球至少150个国家、30万用户中招，造成损失达80亿美元，对金融、能源、医疗等众多行业的发展带来了极其恶劣的影响。卡巴斯基实验室数据显示，2017年第1季度共检测到11个潜伏勒索软件家族和55667个原有恶意程序的变种。重大网络数据泄露事件频繁发生，社会破坏性越来越大，对保障个人隐私、商业秘密和国家安全都造成了极大影响。2017年3月，公安部公布破获一起盗卖我国公民信息的特大案件，犯罪团伙涉嫌入侵社交、游戏、视频直播、医疗等各类公司的服务器，非法获取用户账号、密码、身份证、电话号码、物流地址等重要信息50亿条。

领 域 篇

第三章　2017 年中国云计算应用发展情况

第一节　云计算产业发展支持政策措施密集出台

近年来，党中央、国务院十分重视云计算产业发展，持续发布多项与云计算产业发展密切相关的政策文件，中央网信办发布了关于党政部门云计算安全管理的文件，国务院也发布了包括《国务院关于促进云计算创新发展培育信息产业新业态的意见》（国发〔2015〕5 号）、《关于加强党政部门云计算服务网络安全管理的意见》（中网办发文〔2015〕14 号）、《国务院关于积极推进“互联网 +”行动的指导意见》（国发〔2015〕40 号）等多项文件，推动云计算产业快速健康发展。

2017 年，工信部印发《云计算发展三年行动计划（2017—2019 年）》，文件指出云计算是信息技术发展和服务模式创新的集中体现，是信息化发展的重大变革和必然趋势，是信息时代国际竞争的制高点和经济发展新动能的助燃剂。文件强调要以推动制造强国和网络强国战略实施为主要目标，以加快重点行业领域应用为着力点，以增强创新发展能力为主攻方向，夯实产业基础，优化发展环境，完善产业生态，健全标准体系，强化安全保障，推动我国云计算产业向高端化、国际化方向发展，全面提升我国云计算产业实力和信息化应用水平。文件提出要实施技术增强、产业发展、应用促进、安全保障、环境优化五大行动，推动云计算成为信息化建设主要形态和建设网络强国、制造强国的重要支撑，推动经济社会各领域信息化水平大幅提高。文件还强调要围绕优化投资融资环境、创新人才培养模式、加强产业品牌打造、推进国际交流合作，为我国云计算发展提供全方位保障。

部分地方政府围绕《国务院关于促进云计算创新发展培育信息产业新业

态的意见》（国发〔2015〕5 号）、工信部《云计算发展三年行动计划（2017—2019 年）》，结合企业上云工作等出台多个配套文件，为云计算技术创新、产业发展和应用推进营造了良好氛围。

表 3－1　2017 年国家和地方出台的云计算政策

发布机构	政策名称	主要内容/配套举措
工业和信息化部	云计算发展三年行动计划（2017—2019 年）	文件提出结合现有基础以及面临的问题和挑战，从提升技术水平、增强产业能力、推动行业应用、保障网络安全、营造产业环境等多个方面，推动云计算健康快速发展，主要内容包括：一是技术增强行动。重点是建立云计算领域制造业创新中心，完善云计算标准体系，开展云服务能力测评，加强知识产权保护，夯实技术支撑能力。二是产业发展行动。重点是建立云计算公共服务平台，支持软件企业向云计算加速转型，加大力度培育云计算骨干企业，建立产业生态体系。三是应用促进行动。积极发展工业云服务，协同推进政务云应用，积极发展安全可靠云计算解决方案。支持基于云计算的创新创业，促进中小企业发展。四是安全保障行动。重点是完善云计算网络安全保障制度，推动云计算网络安全技术发展，积极培育云安全服务产业，增强安全保障能力。五是环境优化行动。重点推进网络基础设施升级，完善云计算市场监管措施，落实数据中心布局指导意见。
上海市经济和信息化委员会	上海市关于促进云计算创新发展培育信息产业新业态的实施意见	文件提出以建设云计算创新服务试点城市为契机，充分发挥市场在资源配置中的决定性作用，突出本市产业特点和应用基础，培育扶持云计算骨干企业，形成产业生态，全面支撑移动互联网、大数据和“互联网＋”行动计划，推动云端创新融合、两化深度融合，不断培育信息产业新业态，努力将云计算产业打造成为新常态下上海建设具有全球影响力科技创造中心的重要引擎。部署了优化基础设施能级、增强云计算服务能力、自主研发云计算产品、支撑互联网创新发展、推动数据资源开发利用、拓展云计算应用示范、提升云计算安全保障能力、健全产业发展服务体系八大任务。
湖北省经济和信息化委员会	湖北省云计算大数据发展“十三五”规划	文件提出以政府公共数据共享开放为核心，以打造创新创业生态为抓手，以深化行业应用为重点，以楚天云建设为突破口，着力优化支撑服务平台，深入推进行业应用，培育核心产业载体，加强信息安全保障，培育壮大云计算大数据产业，形成经济发展新动能，推动全省经济社会发展迈上新台阶。部署了优化支撑服务平台、统筹建立数据仓库、构建数据交换枢纽、深入推进行业应用、培育核心产业载体、强信息安全保障等六大任务。提出到 2020 年，产业总体发展水平走在全国前列，成为我国云计算大数据服务重要枢纽，打造国家级云计算大数据产业基地。

续表

发布机构	政策名称	主要内容/配套举措
河南省通信管理局、河南省发展和改革委员会	河南省云计算和大数据“十三五”发展规划	文件提出以大数据综合试验区建设为主要载体，积极探索新常态下适应和引领云计算、大数据创新的发展方式，充分发挥大数据在提升政府治理能力、推动要素驱动向创新驱动转变、推进供给侧结构性改革、促进大众创业万众创新等方面的作用，拓展网络经济空间，为建设网络经济强省，实现人民群众获得感幸福感、治理现代化和管党治党水平“三大提升”提供有力支撑。围绕提升基础设施能力、促进数据资源开放流通、深化云计算大数据行业应用、全面开展大数据创新创业、推进大数据产业重点领域集聚发展、培育产业发展环境等六大方面22项发展任务，提出了数据中心建设、数据资源开放流通、工业、农业、服务业、政府治理、民生、文化产业应用示范、大数据促进创新创业、数据加工产业培育、安全产业提升等11项重点工程，细化了组织实施、政策支持、人才建设、开放合作等四个方面12项具体保障措施。
浙江省信息化工作领导小组	浙江省“企业上云”行动计划（2017年）	文件提出立足浙江省经济发展新常态，把握信息化发展大趋势，以云计算技术和平台为支撑，以云计算产业链合作和生态体系建设为途径，以构建云计算应用服务体系为保障，加快推动“企业上云”，降低企业信息系统构建成本，提高企业信息化应用水平，着力培育企业发展新动能，不断提升竞争力，切实转变经济发展方式，使浙江省成为企业云计算应用的标杆省，向建设全国云计算产业中心的目标迈出坚实的一步。部署了工业企业上云行动、农业企业上云行动、服务业企业上云行动、科技企业上云行动、个体工商户上云行动、“企业上云”宣传培训行动、典型应用试点示范行动、云计算产业生态体系建设行动、云计算技术和产品创新行动、“云上浙江”创新创业行动等十大任务。提出2017年目标：全省新增上云企业10万家，培育国内领先的云平台服务商3到5家、行业云应用平台10个、云应用服务商100家，形成典型标杆应用案例100个。

续表

发布机构	政策名称	主要内容/配套举措
山西省经济和信息化委员会	山西省云计算发展三年推进计划(2017—2019)	文件部署了加快云计算中心建设、构建云平台服务体系、提升云计算软件开发能力、完善云计算标准体系建设、大力推动云计算创新创业、着力培育龙头骨干企业、推动云计算安全应用等重点任务和基础网络建设工程、政务服务云平台建设工程、社会服务云平台建设工程、企业服务云平台建设工程四大工程。提出到2019年，云计算核心技术和云计算服务能力大幅提升，云计算成为山西省促进传统产业改造升级的重要手段，云计算安全保障体系和管理制度基本建立。以山西转型综改示范区为依托建立云计算产业发展集聚区，打造云计算产业发展基地。建立省级政务云平台，基本实现省级政务部门业务在云平台上部署、迁移。云计算在工业、金融、交通、医疗等行业应用基本成熟，在软件开发、办公服务、电子商务、物联网等领域得到普遍应用，云计算对推动浙江省经济转型跨越发展的作用凸显。重点培育2—3家具有自主研发实力和国际竞争力的云计算骨干企业、10家具有较强市场运营能力的云服务企业，带动云计算相关产业快速发展。
山东省经济和信息化委员会、山东省财政厅	山东省实行“云服务券”财政补贴助推“企业上云”实施方案（2017—2020年）	文件提出立足山东制造业与互联网产业基础优势，着力构建云环境、云开发、云应用产业和服务体系，加快“企业上云”进程，云计算产业链和生态体系建设取得明显进展，企业云计算应用达到国内领先水平，成为巩固制造业大省地位、加快向制造强省迈进的重要驱动力。部署了企业基础设施上云、企业平台系统上云、企业业务应用上云三领域任务和“云服务券”实施步骤。提出了力争到“十三五”末，一是“企业上云”意识和积极性明显提高，企业主动利用云服务降低信息系统构建成本，提高信息化应用水平，着力培育发展新动能。二是“企业上云”数量和应用深度大幅增加，全省上云企业达到20万家，“企业上云”的信息化投入每年超过30亿元，节约信息化建设成本每年超过60亿元。三是培育和引进一批国内领先的云计算服务商，形成“企业上云”的技术支撑和服务保障，其中培育国内领先的综合云平台服务商5家、行业云平台服务商50家、云应用服务商200家，搭建省级体验中心30个。

资料来源：赛迪智库整理，2018年3月。

在国家和地方政府的大力支持下，云计算产业发展、行业推广、应用基础、安全管理等重要环节的宏观政策环境基本形成，云计算相关企业受到了极大的鼓励，继续保持高速发展。

第二节 云计算市场继续保持高速增长

当前，全球云计算正处于发展初期，关键技术发展不断完善，产品和服务持续创新，产业生态逐渐形成。根据 Gartner 数据，2017 年，全球公共云服务市场规模达 2602 亿美元，较 2016 年增长 18.5%，继续保持较高增长速度。

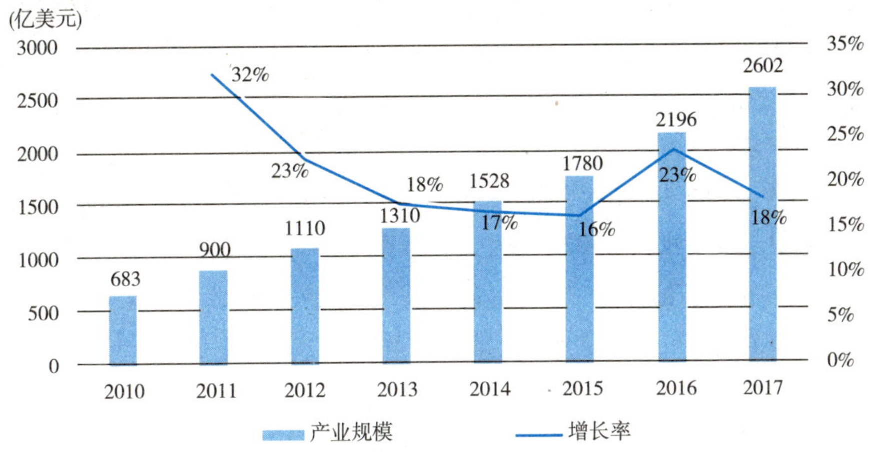

图 3-1 2010—2017 年全球公共云服务市场规模

资料来源：Gartner。

Wind 数据显示，全球云计算公有云服务市场规模从 2010 年的 769.4 亿美元增长至 2016 年 2092.4 亿美元，年复合增速为 18.15%。其中，美国占全球云服务市场 50% 以上的份额；其次是西欧，占全球云服务市场的 23.5%；日本占 4.5%；中国占 4%。预计未来几年，全球云计算服务增长率仍将保持在 15% 以上。

国内市场增速明显，据运营商世界网发布的报告，2017 年中国云计算市场规模将达到 690 亿元以上，比 2016 年增长高于 33.6%，增速明显超过全球增速。

在市场占比方面，阿里云主导地位不断强化。据市场调研机构 IDC 的数据，2017 年上半年，阿里云占国内 IaaS 市场份额达 47.6%，比 2016 年底增长 7%。用户基于市场影响力、服务能力、可靠性和价格等因素考虑，更倾向于选择各巨头的云服务，云计算市场的马太效应愈加明显。

在企业收入方面，2017 年中国 IaaS 第一的厂商阿里云的收入 111.68 亿元，首次突破百亿，同比增长 100%；IaaS 排名第三的金山云收入 13.33 亿元，同比增长 81%。在公有云市场的高速增长之下，浪潮信息 2017 年预计净利润 3.87 亿—4.74 亿元，同比增长 35%—65%。金蝶国际 2017 年云服务实现收入 5.68 亿元，同比增长 66.57%。

在资本注入方面，5 月 29 日，UCloud CEO 季昕华宣布公司获得 9.6 亿元人民币 D 轮融资。5 月 11 日，华云数据对外宣布新一轮融资，新增融资额超 5 亿元人民币。6 月 6 日，华云数据又公布了 F 轮融资 15 亿元。6 月 12 日，青云（QingCloud）宣布 D 轮 10.8 亿元融资。12 月 12 日，金山软件旗下金山云宣布 D 轮完成 3 亿美元（约合 19.8 亿元人民币）融资，投后估值达到 19 亿美元（约合 125.6 亿元人民币）。2017 年，我国云计算领域一共有 20 家公司进行融资，融资总额大概为 93.7 亿元，接近了百亿规模。在融资轮数上，从 A 轮到 F 轮融资都有分布，并且轮数越高，融资金额越大，这不仅说明了各云计算服务商不仅处于快速扩张期，也得到了资本的认可。

第三节　新兴技术在云计算领域不断得到应用

超融合基础架构在企业私有云建设中得到广泛应用。超融合架构（Hyperconvergence Infrastructure，HCI）通过在虚拟化软件上运行分布式存储服务供虚拟机使用，将虚拟化计算和存储整合到同一个系统平台，其实质是在物理服务器上运行虚拟化软件（Hpyervisor）。超融合架构具有原生的快速部署与管理简便等特性，能够方便快捷在本地实现，很大程度上解决了私有云部署的技术门槛问题。超融合基础架构凭借其高可靠性、高性能和高安全性，已经成为我国众多私有云客户首选基础架构。全球知名咨询公司 IDC 发布的《中国超融合市场跟踪研究报告（2017Q4）》显示，2017 年，超融合越来越受到行业客户的青睐，中国超融合市场增长率高达 115%，规模增长到了 3.79 亿美元。

无服务器方式成为云服务提供商提供服务主要方式。2014 年，云厂商

AWS 推出了“无服务器”的范式服务，无服务器架构具有很明显的优点。一是不考虑基础设施可以减轻开发人员运行应用程序的运行复杂性。二是横向扩展是完全自动化和具有弹性的。三是减少封装和部署复杂性使开发人员能够通过多个实现（implementation）来快速迭代。四是随着计算单位缩小到一个功能（与 VM 或容器相反），资源利用水平是前所未有的，允许用户为按照使用量准确付费。由于优势显著，近年来无服务器架构的普及率高速增长。据顶级公共云提供商估计，3 到 5 年内，50%—60% 的云工作负载将采用无服务器架构。同时，Google 趋势显示，过去 18 个月内无服务器的搜索流行度增长了 20 倍。由于无服务器架构技术出现不久，因此还具有一定的缺陷。一是无服务器功能都是无状态的（stateless），状态信息不能从一个函数的调用传递给下一个。这限制了在无服务器的基础架构上构建的各种应用程序。二是由于高度分布式的架构监控和调试无服务器的应用程序具有很高的复杂性，还有安全性要求，因此无服务器架构缺少成熟的工具生态系统。为了有效地使用无服务器计算，服务器和硬件供应商需要转变业务模式，以便在新的虚拟、弹性和自动化云环境中保持相关性。无服务器架构是云计算未来重要的发展方向，目前，腾讯、阿里等我国绝大多数公有云计算提供商都提供无服务器计算方式。

多云部署帮助企业更好地使用云计算服务。多云部署一种多云的战略，是实现业务流程现代化的数字化转型计划的一个关键部分。在单个异构架构中，使用多种云计算服务如基础架构即服务（IaaS）、平台即服务（PaaS）和软件即服务（SaaS）。可以减少对任何单一厂商的依赖，改善灾难恢复和数据丢失弹性，轻松地利用定价计划和消费/忠诚度促销，帮助企业遵守数据主权和克服地缘政治障碍，并让企业组织能够提供最好的可用基础架构、平台和软件服务。同时，企业可以充分利用每个云服务提供商的优势，使用同类最佳技术，提供更好的灾难恢复。451 Research 的研究报告显示，69% 的受访企业（788 家企业参与调研）选择了多云部署来支撑业务的增长，其中 36% 的企业选择了 3 种以上的云计算服务。调研机构 IDC 公司预测，到 2018 年 85% 以上的企业 IT 部门将投资并采用多云架构。使用多云部署通常出于以下考虑。一是使用多云部署，可以提高云计算服务的可用能力。即便是云服务提供商提供了 100% SLA 保障，故障还是会发生。所以一定要提前准备好一定冗余度。据统计，23%的企业用户在云服务选型初始就基于分散风险、高可用性、异地灾备、数据冗余等因素，选择了两家以上的云服务商部署业务系统，或是实现前后端分离，或是实现业务分离部署，或是数据备份来分散风险，提高可用能力。可以说，企业采用“多云策略”分散风险、避免单一厂商锁定的意识已经非常强了。二是利用不同平台的优势产品，分离工作负载。据统计，大型企业大多希望利用来自多个不同提供商的独特云服务的能力，来应对公司内部不同业务部门各自的应用程序或是同一业务在不同地区的IT服务需求。同时，对于有出海业务的企业来说，同时使用两家以上的云平台是很常见的。因为每一个云计算厂商布局的数据中心都是有限的，目前国内没有一家公司都能够完全覆盖海外所有地区，所以在国内选择国内厂商，视业务在海外的情况选择另一家国内或是国外云服务厂商。三是多云部署能够平衡业务与性能，优化成本。云计算本身以“按需付费，廉价成本”为切入点。但事实上，当企业达到一定规模之后，选择云平台并不会比自建数据中心的成本来得低。因此，企业可以根据业务的不同重要程度选择性能和价格匹配的云计算平台进行多云部署，或是根据对不同云产品的需求选择云平台组合，从而实现成本优化。例如，可以将关键型业务放置在性能稳定的平台，非关键型业务则可以选择低价的云计算平台；或是根据一家的云主机，选择另一家的存储服务这样的产品组合。当企业中的多个部门有不同的工作流程和存储需求时，多云部署可以提供帮助。但是使用多个云会带来相应的挑战，包括工作负载云间迁移的问题以及不同云之间标准和文件格式的兼容问题等等。为了实现多云环境的顺利运行，企业一般会通过标准化、统一化管理和机构独立监测等手段，使多云端的体验更加顺利，同时减少挑战。一是确保企业使用的是兼容的产品。标准化的方法能确保工作负载可以轻松地在不同的云中迁移，并使多云环境运行更流畅。二是使用多云管理工具巩固管理。单一的多云管理工具可以解决从使用多个管理工具到处理应用程序和虚拟机蔓延等难题。多云管理工具覆盖了各自管理界面，位于各个云管理界面之上。它们提供单一界面来管理多云环境，并使其看起来像企业正在使用一个云平台一样。三是使用独立的监控工具监视结果。对于多云环境，企业需要一个可以看到涉及所有云的更大图景的工具，以全面地更好地反映所有云的运行情况。

第四节　云计算在工业领域应用不断深化

云计算的用户群体由中小企业向大型企业、政府机构、金融机构快速拓展，从消费领域向政务、金融、医疗、教育、制造等方面不断延伸。尤其在制造业领域，以云计算、大数据、物联网等为代表的新一代信息技术正向传统制造业渗透，推动制造业与互联网深度融合发展，催生一批新产品、新技术、新模式，培育和形成了一批新的产业增长点，大幅降低了创业创新的门槛，带动就业能力突出，经济效益、社会效益显著。当前，云计算已经成为重要的信息基础设施，渗透到工业生产全流程，成为制造业“双创”、工业互联网、工业电子商务等新模式、新业态发展的重要支撑。

工业云成为制造业数字化、网络化、智能化的基础设施。为应对系统集成需求迫切、数据爆炸式增长、信息系统建设成本持续攀升、专业技术人才严重不足等一系列挑战，国内大型制造企业纷纷将以 ERP、MES、SCM 等为代表的核心业务系统云化迁移，同时将对数据的存储、治理、挖掘、分析等数据全生命周期处理迁移到云上进行，大幅提高信息系统部署效率，降低了信息化建设成本和运营成本，提升了资源共享和业务协同水平，形成了制造企业上云的路径和模式。中石油推动自身核心系统云化发展，实现了企业核心系统从独占软硬件、单独运维的模式转变为共享资源池、统一运维的模式，大幅提升效率，将硬件部署时间从原来的 3 个月减少至 1.5 天，并将硬件成本缩减了 52%。航天云网通过大型工程软件云化，将成本降低了 70%，将复杂模具云端 3D 打印成本降低了三分之二，复杂新产品样件 3D 打印周期缩短了 50%。

工业云成为推动大中小企业融通发展的新抓手。工业云能够发挥互联网特性，突破地域、组织、机制的界限，高效地整合人才、技术、资金等关键资源和生产要素，提升资源配置效率，推动生产方式智能化发展和组织管理灵活化发展，能够不断催生以个性化定制、网络协同制造、服务型制造、精准供应链管理、互联网金融为代表的融合发展新模式新业态。一批第三方工业云平台快速发展，为中小企业提供营销、研发、生产、供应、管理等服务，分别包括为中小企业提供在线汇集计算资源、软件资源、制造资源、技术资源、人力资源等资源集聚平台，集设计仿真、运营优化、设备运维、检测认证、培训咨询等于一体的服务集聚平台，以及创意设计、产品交易、能力交易的供需对接平台，大幅降低了中小企业技术应用门槛和信息化建设运营成本，高效地整合了研发设计、生产制造等资源，推动了应用模式创新。“双创”不仅是小微企业的兴业之策，也是大企业的兴盛之道。制造企业“双创”平台是要素汇聚平台、资源整合平台、能力开放平台和创业孵化平台，越来越多的企业把“双创”平台构建在云计算架构体系上，通过工业云支撑大企业更高效地汇聚创业创新资源，更便捷地开放创业创新资源，更有效地配置创业创新资源，加快构筑创业创新新生态。

传统信息通信企业加快布局工业云市场。一批 ICT 企业积极推动技术和业务的战略转型，通过不断强化数据采集、工业连接、工业大数据、云平台、开放 API 等领域的研发和产业化，加强在工业云领域市场的战略布局。推动制造业底层设备、工控系统、制造执行系统、管理软件等核心数据的互联互通互操作，提出面向智能制造的工业云整体解决方案。华为建立集成行业应用的 IoT 联接管理云平台，向下通过工业互联网敏捷网关连接设备与传感器采集数据，向上提供数据管理和开放 API 接口，并开展基于云计算的行业应用解决方案。阿里、腾讯等互联网企业面向制造企业提供基础云服务，分别与国内工程机械企业开展深度合作，拓展面向工业云的新业务。用友、数码大方等工业软件企业也纷纷加速云转型，用友通过搭建第三方云平台、推动软件包和解决方案产品云化等方式打造全新的平台化服务模式；数码大方在云端部署了超过 2000 种零部件图库及几十种设计、制造相关工业软件，为超过 25 万用户、12 万入驻企业提供基于云平台的软件应用和解决方案服务。

第四章　2017 年中国大数据应用发展情况

第一节　大数据发展环境持续优化

国家大数据战略方向进一步明确。自国务院发布《促进大数据发展的行动纲要》（以下简称《行动纲要》）以来，我国政府关于推进大数据发展的战略意图初步明确，以推动政府数据开放共享、深化大数据在各行业领域的创新应用、加快大数据产业发展、保障数据安全为核心的发展路径初步明晰。在此基础上，党的十八届五中全会首次正式提出实施“国家大数据战略”，并作为主要任务之一写入《中华人民共和国国民经济和社会发展第十三个五年规划纲要》（以下简称《“十三五”规划纲要》），为各级政府制定实施大数据发展相关政策措施提供了方向指引。进入 2017 年，大数据的战略地位得到进一步巩固，党的十九大报告专门提出“推动互联网、大数据、人工智能和实体经济深度融合”，为新时代经济社会各领域推动大数据发展明确了任务需求。2017 年 12 月 8 日，十九届中共中央政治局就实施国家大数据战略进行了第二次集体学习，习近平总书记在主持学习时进一步强调要“推动实施国家大数据战略”，深刻分析了我国实施大数据战略的总体趋势、基础条件和主要问题，分别从推动大数据技术产业创新发展、构建以数据为关键要素的数字经济、运用大数据提升国家治理现代化水平、运用大数据促进保障和改善民生、切实保障国家数据安全等五个方面提出了明确要求，这也成为我国大数据战略的核心构成。

大数据政策体系逐步完善。大数据的应用发展与各行业技术特点、应用基础、业务需求密切相关，大数据支撑不同行业决策、管理和服务的方式方法也各有侧重。为明确各行业大数据应用发展的主要任务，国家发展改革委、工业和信息化部及国土资源、环境保护、交通运输、农业林业等相关部委均制定出台了指导意见、实施方案、行动专项等相关政策措施，旨在充分挖掘行业数据资源价值，用数据说话、用数据决策，提升行业治理能力。2017 年 1 月，工信部发布了《大数据产业发展规划（2016—2020 年）》，提出通过试点示范、推进大数据综合试验区、推进大数据产业示范基地等行动，助力数据强国建设。5 月，国务院办公厅发布《政务信息系统整合共享实施方案》，围绕政务信息系统整合共享、国务院行业主管部门和地方政府信息系统互联互通等提出了任务重点、实施路径和落实保障。水利部出台《关于推进水利大数据发展的指导意见》，明确稳步推进水利数据资源体系建设任务，把水利大数据的应用重点放在水资源精细管理与评估、水环境监测监管、水生态管理信息服务、水旱灾害监测预警、智慧流域大数据应用等领域，以大数据支撑和服务水利现代化。此外，相关部门机构还在加快推进公共数据资源开放共享、个人信息保护、工业控制系统信息安全防护等法律规范，以及大数据技术、产品、服务、安全等关键标准的研究编制。地方政府也纷纷出台促进大数据发展的政策文件和配套措施，已有北京、上海、广东、浙江、福建等 30 多个省市出台了大数据规划政策文件，北京、江苏、贵州等 18 个省市已经颁布大数据相关政策法规。

各方加快推进国家大数据战略的贯彻落实。一是注重统筹推进。大数据行动除了对各行业应用创新提出要求，还涉及政府数据整合共享、共性平台建设等众多综合性、跨部门、跨层次、跨领域任务，需要形成一种能够统筹各方、协同推进机制。在国家层面，国家发展改革委、中央网信办、工业和信息化部牵头建立了 46 个部门共同参与的促进大数据发展部际联席会议制度，建立了国家大数据专家咨询委员会，协同推进大数据各项工作。在地方层面，贵州、广东、上海等 20 余个地方成立专职的大数据管理机构。以贵州省为例：省委、省政府高度重视，将大数据上升为全省战略，建立贵州省大数据发展管理局，负责制定全省大数据发展顶层设计、统筹管理全省大数据资源、协调推进各地各部门大数据工程项目。二是引导支持产业联盟发展。为了促进行业交流、有效整合各企业力量、助力形成产业优势，各省市都积极引导支持大数据发展方面的产业联盟建设。产业联盟作为聚合政产学研各方资源，推进产业交流、技术攻关、成果转移和应用推广的支撑平台，在资本对接、政企合作、前沿探讨、标准规范引导、宣传推广、金融服务等多层面充分发挥着桥梁和纽带作用，我国已成立的大数据产业联盟多达 20 余个，包括中国大数据产业生态联盟、数据中心联盟、中关村大数据产业联盟、中国企业大数据联盟等。三是各省市均把推动政府数据开放共享、引导产业集聚发展、鼓励大数据交易服务等作为政策实施重点。一方面，政府拥有的数据资源规模大、种类丰富，蕴含着巨大的经济和社会价值，社会各界对政府数据资源开放共享的需求非常迫切，因此，建立公共数据开放共享平台，促进政府数据间以及政府数据与其他数据的汇聚对接和开发利用，释放数据潜在经济社会价值，成为各地政府提升政府治理能力、促进创业创新、实现信息惠民的重要手段。北京、上海、广东、浙江、重庆、贵州、武汉、深圳、青岛、贵阳、无锡、湛江等地方政府以及国家林业局、气象局等部门，建设开通了专门的数据开放网站，并向社会开放了部分数据，其中中国气象数据服务网开放数据全面翔实，上海市政府数据服务网开放数据资源 1600 多个，北京市政务数据资源网、贵州省政府数据开放平台开放数据集均超过 1000 个。另一方面，为贯彻落实《大数据产业发展规划（2016—2020 年）》，工信部会同国家发改委支持贵州、京津冀、珠三角、上海、河南、重庆、沈阳、内蒙古等 8 个共两批国家大数据综合实验区建设，在体制机制创新、产业集聚发展等方面探索可推广、可复制的经验模式。同时，地方政府也纷纷结合自身经济基础、产业结构特点与人力资源储备等要素条件，积极打造各类大数据产业发展集聚区，构建本地产业发展的重要载体。如贵阳市提出建设“大数据产业集聚区”，并于 2017 年初首批授牌了高新区大数据产业生态示范基地（清洗加工基地）、经开区大数据安全产业园等 16 个规模体量较大、体系较为完备的具有引领性的集聚区（基地、中心），旨在通过这些集聚区的大胆探索、创新发展，引领带动全市大数据产业集聚发展。此外，大数据交易有助于打破“信息孤岛”和行业信息壁垒，促进高价值数据汇聚对接，实现数据价值最大化，是推进大数据产业创新发展的重要基础。各地政府纷纷主导或支持企业、产业联盟建设大数据交易平台，提供基础数据分析、交易及保障服务，推动数据资源在各利益相关方流动、促进数据资源价值的深度挖掘。目前，已建成的大数据交易平台有贵阳大数据交易所、中关村数海大数据交易平台、数据堂等，各地还在陆续尝试建设新的大数据交易平台，如：

2017年底至2018年初，河南省政府指导浪潮集团与中原云大数据集团、省投资集团、中原资产和中原证券合资成立了河南中原大数据交易中心有限公司，并发布了中原大数据交易平台，提供大数据资源、数据产品及增值服务，营造大数据创新创业良好生态。

第二节 大数据产业持续保持快速增长

产业规模快速壮大，技术创新能力大幅增强。中国电子信息产业发展研究院于2017年、2018年连续两年对我国大数据产业发展情况进行了科学评估，结果显示，包括大数据软硬件和服务在内的大数据核心产业2016年、2017年规模分别为3100亿元、4222亿元，[①] 增速达36.2%，呈现高速发展态势。在政府和企业在技术创新层面的大力布局下，大数据技术研发相关重点专项、创新项目持续推进，大数据技术与物联网、云计算、人工智能等领域的技术融合层次逐步加深。从国家层面来看，工信部批复成立了工业大数据分析与集成应用重点实验室、信息智能处理与内容安全重点实验室、可视计算与人机智能重点实验室等多个大数据相关重点实验室，科技部设立了“云计算与大数据”重点专项，将2017年立项重点聚焦在大数据驱动的自然语言理解、问题和翻译，大数据驱动的类人智能感知与情感交互关键技术，面向视频内容的大数据处理分析平台及示范应用，大数据多模态交互协同关键技术，面向工业互联网的智能云端协作关键技术及系统等方面。同时，大数据骨干企业在数据采集、数据清洗、数据脱敏、数据可视化等基础性技术领域取得较大突破，技术实用性较强、稳定程度较高，并与医疗、金融、物流等行业技术和业务的融合渗透程度加深。此外，国内的Gitee、开源中国等开源社区，为交流迭代最新研究成果、催生新技术、推动产业技术快速发展提供了良好环境。

---

① 中国电子信息产业发展研究院：《中国大数据产业发展评估报告（2017年）》《中国大数据产业发展评估报告（2018年）》，分别发布于2017年9月、2018年3月。

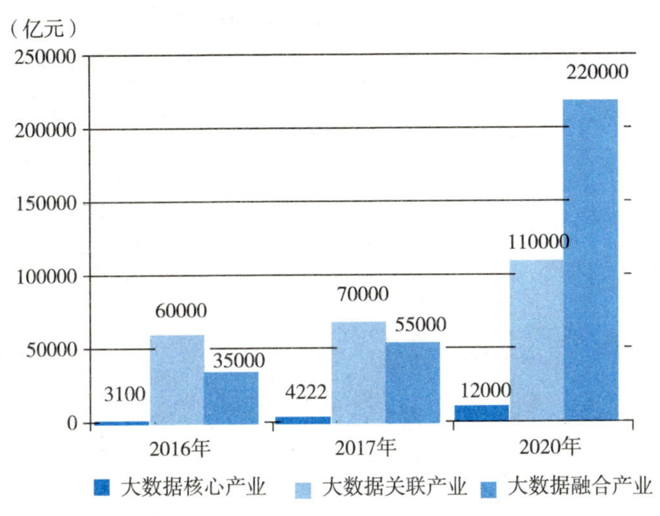

图 4－1　我国大数据市场规模

资料来源：赛迪智库，2017 年 12 月。

区域发展格局基本形成，创新发展模式各具特色。在国家大数据综合试验区建设的统筹推进下，我国大数据产业发展形成八大综合试验区散点分布，京津冀、珠三角、长三角、西南地区四大区域块状发展的总体态势。贵州省利用当地独特的生态、能源、区位及战略优势，抢占先机率先提出建设国家大数据综合试验区、国家大数据产业集聚区和国家大数据产业技术创新实验区，以政府数据开放吸引企业基础设施落地和商业模式创新探索，产业的集聚和辐射带动作用不断增强。其周边的重庆市也随之成功申报区域示范类国家大数据产业综合实验区，积极探索数据资源统筹发展路径，与贵州省共同引领西南地区大数据产业和区域经济的创新发展。京津冀立足各自特色和优势，依托北京的创新引导、天津的带动支撑和河北的承接转化，积极打造中关村（北京）＋滨海新区、武清（天津）＋张家口、廊坊、承德和秦皇岛（河北）的“1＋2＋4”协同发展格局，推动跨区域基础设施建设和大数据惠民应用。珠三角跨区域综合实验区依托广州、珠海、深圳等中心城市产业优势，注重推进跨区域数据要素流通交换，以大数据思维、技术、模式、产品、服务支撑引领跨区域技术、人才、资金、资源流通，服务于跨区域产业协同、公共服务和社会治理，促进区域的一体化建设。上海作为长三角区域的产业骨干城市，围绕“资源、技术、产业、应用、安全”融合主线，运用“交易机构+创新基地+产业基金+发展联盟+研究中心”的创新模式推进产业生态体系建设，并注重与杭州、南京等长三角地区和长江经济带城市在数据治理、数据应用等方面的合作，从而带动长三角区域的产业发展。河南积极探索以大数据应用为引领、以“两区两基地”（国家交通物流大数据创新应用示范区、国家农业粮食大数据创新应用先行区，国家中部数据汇聚交互基地、大数据创新创业基地）为支撑的产业发展格局。沈阳在国家实施新一轮东北地区等老工业基地振兴战略背景下获批大数据综合试验区，颇有以先进信息技术产业推动老工业基地全面创新改革的示范意味，更加注重大数据在工业转型、城市治理中的应用，努力打造“数据中心+云计算平台+产业基地+研究院”的工业大数据应用生态体系。内蒙古自治区立足大数据基础设施统筹发展，加大云基地资源整合力度，加快建设“一个网络、一个中心、一个平台”（即新一代信息通信网络、中国北方大数据中心、“云上北疆”云平台）的基础设施体系，以此为支撑加强与东、中部乃至全国的产业、人才、应用合作，力争实现跨越式发展。

企业创新实力不断提升，融合性产品和服务日益丰富。我国大数据企业以应用为导向，业务领域逐步覆盖数据采集、数据存储、数据分析、数据可视化和数据流通等全产业链，并以华为、阿里、百度、腾讯等综合性实力较强的企业为领头羊，初步形成金字塔型发展格局。在 2017 年杭州云栖大会上，阿里公布了自身的全域数据体系，通过阿里数据中台支撑数据采集、加工、服务、消费等核心能力建设，统筹整合阿里生态系统的所有数据，并运用中台技术为全领域、全业务提供更多弹性资源，从而以技术赋能促进业务创新。凭借超大规模大数据平台运维技术实力，阿里云 Max Computer 大数据平台在 2017 年“双十一”期间呈现了国际领先的数据处理水平，其中数据处理量超 300PB、数据库处理峰值 4200 万次/秒、交易峰值 32.5 万笔/秒、支付峰值 25.6 万/秒。此外，华为、浪潮等企业推出了自主研发的大数据基础平台产品和大数据分析工具，在数据存储、处理、交换等软硬件设备市场优势日益凸显。拓尔思、亿赞普、数据堂等专业大数据服务企业面向医疗、电信等特定领域研发专门数据分析工具，提供创新型数据服务。蚂蚁金服、陆金所、万得资讯、滴滴出行、高德地图、美团点评、科大讯飞、奇虎 360、红领等企业分别在金融、交通、餐饮、语音识别、网络安全和制造等领域开展了大数据应用创新，成为行业大数据应用的典范。柏睿数据主导流数据库领域的国际标准，在流数据处理、内存计算等领域积累了核心技术。北京大学软件所的研发“燕云”系列产品，可在数据库封闭、源代码缺失、无原厂支持情况下，实现数据实时流动和功能无缝集成，广泛应用于政务、金融、民生等领域，为数据开放共享提供了基础技术支撑。大数据初创企业也积极开展服务创新，科技企业媒体 APAC CIO Outlook 发布的“2017 亚太区大数据企业 25 强”榜单，百分点、TalkingData、Kyligence、精硕科技等四家中国企业上榜。

公共服务体系加速完善，服务能力进一步提升。除了八大国家大数据综合试验区外，工信部也在统筹推进新型工业化示范基地、产业集聚区建设，支持基于数据的创新创业，繁荣大数据产业生态。在标准服务方面，工信部等部门正加快制定大数据技术、产品、服务、安全等关键标准，大数据标准体系架构不断完善，大数据技术、应用、产品和服务等方面的国家标准申请立项。在大数据人才培养方面，2017 年 11 月，中国商业联合会数据分析专业委员会正式发布《中国大数据人才培养体系标准》，将大数据人才标准定位为数据应用型人才，即大数据人才不仅具有专业 IT 工具运用能力，更需具备基于大数据对所在行业进行理解、分析和解决问题的能力，特别是是否能为企业或者客户创造商业价值。截至 2017 年底，全国已有 35 所本科学校获批“数据科学与大数据技术”本科专业，62 所专科院校开设“大数据技术与应用”专科专业，申报数据科学与大数据技术本科专业的学校接近 300 所。① 除学科建设之外，北京、青岛、贵阳等地还纷纷建立了大数据人才实训基地，阿里云、北大青鸟等企业也积极与学院合作成立大数据学院，以满足大数据实用人才培养的需求。在专业服务方面，一批覆盖大数据领域的技术中心、产业创新平台、各级实验室等加快创建，咨询研究、知识产权保护、投融资、人才服务、企业孵化和品牌推广等专业化服务机构持续涌现，大数据新技术、新应用、新产品的评测认证和推广平台逐步建立。

① 京津冀大数据联盟、中国经济信息社等：《2017 年京津冀大数据产业发展分析报告》，2018 年 5 月。

第三节　大数据应用基础加快夯实

“大数据是新时代经济社会发展的新思维、新工具”已被广为认知。《大数据时代》的作者维克托·迈尔·舍恩伯格在书中指出，大数据分析将从“随即采样”“精确求解”和“强调因果”的传统模式，演变为大数据时代的“全体数据”“近似求解”和“只看关联不问因果”的新模式，引发商业应用领域对大数据方法的广泛思考与探讨。从经典的沃尔玛“啤酒+尿片”大数据应用案例起，决策人员运用数据分析手段，对数据资源进行挖掘和研析，从而形成决策建议与实施方案的方式方法并逐步为各行业领域所引入，也就是通常意义上的“用数据说话”。与凭借经验决策相比，数据驱动决策所依据的信息内容更多、覆盖面更广，大数据分析技术能够建立起覆盖数据采集、建模分析、效果评估、反馈修正等各个环节的“数据闭环”，精准度也就相对更高。特朗普在2016年美国总统大选中胜出，出乎许多传统预测机构预料，这很大程度上取决于传统机构对于统计对象的定向采集和先入为主的主观判断；但在该结果出现几个月前，我国义乌商人就通过比较各候选人竞选旗帜、竞选纪念品的大量订单数据，察觉到美国普通公众对候选人的真实偏好和选择。这意味着运用大数据思维，可以更加全面地掌握信息、更加准确地定位问题，进而找到最佳的解决方案，而目前各行业已经不仅仅满足基于较小样本量进行决策分析，而是运用大数据手段进行经营管理决策、改进生产管理效率，实现提质量、促创新、出效益。

政府成为数据开放共享行动的先行者。政府是一国数据资源最大的生产者和拥有者，推动政府数据开放业已成为多国践行大数据战略的首要行动。我国也不例外，国务院发布的《促进大数据发展行动纲要》中提出，将在2018年底建成国家政府数据统一开放平台，中央政府层面实现金税、金关、金财、金审、金宏、金保、金土、金农、金水、金质等信息系统通过统一平台进行数据共享和交换；而地方政府在数据开放方面先行先试，积极建设了数据开放平台，开放部分政府数据，截至2017年12月25日，全国已建成35

个政府数据开放平台（各行业部门的数据开放平台未纳入统计），[①] 覆盖13个省2个直辖市，其中开放数据集最多的是武汉市政务公开数据服务网，数量高达1877个，部门接入数量最多的是数据东莞网，部门接入数量达69个。2017年5月，国务院办公厅出台《政务信息系统整合共享实施方案》，对于推进接入全国统一数据共享交换平台、公共数据开放网站、全国政务信息共享网站建设提出了统筹推进要求。2017年8月，国家发改委发布的《“十三五”国家政务信息化工程建设规划》进一步提出，要“一体化推进国家电子政务网络、国家政务数据中心、国家数据共享交换工程和国家公共数据开放网站的融合建设，打造‘覆盖全国、统筹利用、统一接入’的大平台”，明确了国家公共数据开放网站的建设内容。2018年1月，中央网信办、国家发改委、工信部联合印发《公共信息资源开放试点工作方案》，明确提出在北京、上海、浙江、福建、贵州开展公共信息资源开放试点，并要求试点地区对数据开放的范围、质量、利用、规范和安全保障等方面的内容加以明确，为树立数据开放规范、促进社会化利用探索有效路径。

大数据安全领域政策法规加快推进。大数据为经济社会发展带来活力的同时，也因为汇聚、流通、共享和交换的需要带来小至个人隐私、大至国家安全等种种安全问题和挑战。2018年3月，脸谱（Facebook）超过5000万用户的个人信息被泄露用于不正当分析，同期，国内网友爆料某网站某酒店利用大数据分析技术暗中提高对熟客的消费定价的“杀熟”行为，这些现象都不同程度地反映了数据安全的负面影响。目前，我国在数据安全保护方面已经出台或正在研究制定多项法律规章标准。关于公民个人信息安全方面，全国人大常委会通过了《关于加强网络信息保护的决定》，工信部出台了《电信和互联网用户个人信息保护规定》，从法律到部门规章层面对个人信息安全保护提出了明确要求。2017年6月1日起实施的《网络安全法》，对于网络运营者确保网络信息安全提出了明确的责任义务，包括“维护网络数据的完整性、保密性和可用性”“防止网络数据泄露或者被窃取、篡改”、对个人信息和重要数据出境安全开展评估等等。2017年7月，中央网信办、工信部、公安部、

---

① 国脉电子政务网：《我国政府数据开放的“度”与“道”》，2017年12月，http：//www.echinagov.com/zt/91/。

国家标准委等四部门联合启动隐私条款评审工作，采取分批遴选方式，首批组织了对京东商城、航旅纵横、滴滴出行、携程网、淘宝网、高德地图、新浪微博、支付宝、腾讯微信、百度地图等10款网络产品和服务的隐私条款进行评审，规范其收集、保存、使用、转让用户个人信息的行为，督促整改不合法的条款，对于推动企业重视个人信息保护、形成社会引导和示范、带动行业个人信息保护水平整体提升作用显著。2018年初，腾讯发布《腾讯云数据安全白皮书》，明确承诺腾讯云用户拥有对托管数据的完全控制权，并基于同等保护、数据私密、质量保障、最小授权、公开透明、安全审计等六大数据保护原则保障用户数据安全，彰显了腾讯保护用户信息安全的决心。

第四节　大数据在现代化经济体系建设中的应用日益深化

工业大数据应用价值加速变现。随着智能制造、工业互联网的加速推进，工业大数据在制造领域的融合应用和价值创造持续深化，正在成为制造企业推动数字化转型、提升创新力和竞争力的关键要素。一是工业大数据能够帮助实现制造系统和业务流程的智能优化。通过对终端传感器、生产装备、工控系统、业务信息系统等制造系统数据的采集和分析，促进对生产动态模型建设、多目标控制流程的优化管理，以及对物料品质、能耗、设备异常和零部件全生命周期进行状态监控与故障预警，有助于制造过程的科学决策和智能控制。如：苏州协鑫公司利用阿里开发的ET大脑对光伏硅片生产数据进行深度分析，凭借从中辨析出的60个关键参数优化生产流程，提升了1%良品率，将每年利润增加至上亿元。二是工业大数据能够帮助实现供应链持续优化和敏捷响应。通过实时收集准确的生产与绩效数据，跟踪产品库存和销售价格，运用数据分析手段，掌握并准确预测全球不同区域的需求，有助于优化供应链和科学决策。如：联想集团与宝钢合作建立钢铁销量预测系统，基于其掌握的全球数据进行机器学习和图谱分析，预测钢铁市场需求精确度达92.2%，缩短宝钢库存周期20%，节约客户采购资金上亿元。三是工业大数据能够帮助实现制造模式创新。基于工业大数据平台不断集聚参与制造的各类用户，通过数据服务支持所有用户的价值创造活动，使用户与用户之间、用户与平台之间的价值关系不断交叉和深化，形成良性循环的制造服务生态圈发展模式。如：2017 年底，车联网大数据服务运营商“彩虹无线”与 8 家主机厂进行业务合作签约，并宣布获得新一轮 B 轮融资，其商业模式就是帮助汽车生产企业采集投放市场的车辆在实际运行过程中的安全数据、路况数据、驾驶数据，基于对这些数据的分析反向指导企业的研发优化、生产效率提升、精准营销以及售后服务管理等，同时综合人、车、路、环境、社会之间的数据关系，促进企业与保险、维修、零配件等关联企业的跨界融合与互动，帮助保险公司推出多样化和更有针对性的险种，车辆维修企业据此能够更加及时地响应救援，汽车零配件厂家则可提供更加个性化、人性化的汽车配件产品，最终实现不同领域间的“互联网 +”汽车大生态建设。

农业大数据应用加速普及。大数据与农业生产、经营、管理、服务等各环节、各领域的深度融合，正逐渐成为农业生产的定位仪、农业市场的导航灯和农业管理的指挥棒，日益成为智慧农业的神经系统和推进农业现代化的核心关键要素。2016 年农业部组织实施了《农业农村大数据试点方案》，2017 年公布了入选的 38 种农业大数据实践案例，引导了农业大数据应用的重要方向。一是大数据助力农业生产智能化。地面观测、传感器、卫星遥感和地理信息技术等在种植、畜牧和渔业中的应用，促进了对农机、农情、植保、耕肥、农药、喂养、防疫等环节的数据实时采集监测，为农业开展精准生产提供了有力的数据支撑。如佳格天地充分利用卫星遥感技术，整合了每块农地的气象数据、作物生长数据、无人机作业数据等，通过建模分析，为农民基于“耘境”云平台对农作物耕作的预测、计划、管理进行精准服务，引领了卫星遥感大数据在精准农业种植中的应用。二是大数据辅助农业监测预警。通过对农业生物资源、农产品产地环境以及农业面源污染等的长期定点、定位监测，帮助研判农业产品、资源、环境的动态变化和发展趋势，为政府部门掌握农产品产业链变化、调控稳定市场、资源流动走向、环境污染控制等提供重要的决策支持。如：中国农产品监测预警系统（China Agricultural Monitoring and Early Warning System，CAMES）基本实现系统化、集成化、仿真化、智能化，覆盖现有市场上近 960 个农产品种类，支持全天候即时性农产品信息监测与信息分析，用于掌握不同区域农产品市场运行规律和现状，对未来市场发展提供指导和预警。上海搭建了“上海农业”平台，依托“一库一图，一田一码、一物（农作物）一码”，实现对基本农田、粮食功能区、蔬菜保护区、特色农产品区等地的土壤、肥力、环境监测点的精准监测，已汇聚形成绿色食品等60项农业资源数据，丰富了上海的农业信息公共服务内涵。三是大数据实现农产品质量安全全程追溯。越来越多的食品企业引入数据平台，推进数据实现自动化采集、标准化处理和可视化运用，拓展产品信息生产可追溯、流通可追溯和内容可追溯等全过程服务。如：京东运用区块链技术搭建了“京东区块链防伪追溯开放平台”，引入科尔沁、双汇、精气神、五粮液、好奇、惠氏、雀巢等企业，以联盟链方式推动基于平台的线上线下商品防伪和全过程追溯服务；同时，还可通过定制化的用户评价互动，将消费者对产品和服务的意见和建议反馈给企业，促进企业针对消费者的精准营销，满足了企业收益和消费者诚信采购的双赢。

金融大数据成为服务新蓝海。当前，金融大数据应用已成为行业趋势，一方面，金融大数据提升了金融行业的资源配置效率，强化了风险管控能力，促进了金融业务的创新发展；另一方面，对金融大数据的应用分析能力，将有可能决定金融机构未来发展的战略地位。一是大数据提升了银行信贷风险评估能力。利用大数据技术，银行不仅能够整合企业相关的内外部数据，包括客户基本信息，以及征信、公共评价、收支消费等关联信息，还能掌握企业与供应链上下游企业、合作伙伴之间的投资、控股、借贷、担保及股东和法人之间的关系图谱，确保银行对企业历史信用、行业整体发展和实时经营情况全面洞悉，使信贷风险评估更趋于事实。二是大数据助力证券投资顾问服务智能化发展。智能投顾是近年来证券公司发展较快的财富管理业务之一，能够基于股票、基金等投资领域的历史数据和趋势预判，结合客户风险偏好、交易行为等个性化数据，为客户提供低门槛、低费率的定制化财富管理方案，推动了证券公司投资顾问从前端佣金收费向后端管理收费模式的转变。三是大数据辅助保险业实现风险精准管理。保险公司通常是基于保户群体风险概率的判断，有针对性地采取不同的定价策略，而大数据分析手段则使得保险公司对于保户群体的风险定位更加精准。如：保险公司通过智能监控装置全方位地搜集用户驾驶数据、通过社交媒体抓取用户的性格取向、通过医疗系统掌握用户的健康情况，由此对用户的驾驶行为进行精准画像，一旦认定该用户为低频、谨慎、温和、健康型驾驶者，即可针对性减少30%—40%保费，这将极大地提高车险产品的竞争力。四是大数据确保电子支付欺诈得到有效识别。大数据技术能够有效地采集账户基本信息、交易历史、位置历史、历史行为模式、正在发生行为模式等，结合智能规则引擎对实时行为特征、欺诈登记、风控触发、案件预警进行实时判断分析，为交易反欺诈提供有力支持，这将成为支付清算机构确保个人资产安全的核心竞争能力。

电子商务大数据构建行业发展新生态。当前，我国电子商务蓬勃发展。截至2017年12月，我国网络购物用户规模达到5.33亿，较2016年增长14.3%，占网民总体的69.1%。手机网络购物用户规模达到5.06亿，同比增长14.7%，使用比例由63.4%增至67.2%。与此同时，网络零售继续保持高速增长，全年交易额达到71751亿元，同比增长32.2%，增速较2016年提高6个百分点。电子商务的快速发展引领了数据流规模化发展，由此产生的大数据也反向促进了电子商务企业经营手段、业务模式、商业价值的不断创新。一是大数据使产品精准营销成为常态。由于消费者在线采购交易的行为数据被实时记录，并真实、直接反映了个人的性格、偏好、意愿、生产方式、价值观等，电子商务企业能够更加精准地分析消费者行为、剖析消费者采购需求、提供针对性服务。当前，在线零售商越来越多地通过网络点击跟踪消费者行为，快速识别消费者购买需求、实施购买决策的最佳时机，并进行实时推介促进交易完成、提前进行物流站点分派以提高物流效率。二是电子商务大数据促进了新型增值服务发展。电子商务企业在平台运行中积累的海量数据，成为其挖掘基于数据的新型产品和服务的重要蓝海。如：淘宝网开发了自有的云存储系统Ocean Base，通过对全系统的数据挖掘，面向平台商家或其他电商平台提供数据产品及软件服务，为各类企业提供电商解决方案，逐步从交易平台向电子商务“生态圈”基础服务提供商转变。此外，电子商务企业运用个人数据资源积极开展信用服务，充分挖掘货币基金、消费金融、信用担保等增值服务空间，开拓出更多的新兴产业发展机会。

第五节 大数据在提升政府治理能力中发挥日益强大的作用

大数据提高了“互联网＋政务服务”水平。加快推进“互联网＋政务服务”是深化“放管服”改革的关键之举，其目标之一是“让数据多跑路、群众少跑腿”。百度利用百姓乘坐汽车、火车、飞机的出行数据，形成迁徙地图，将节假日出行态势直观地表现出来，让交通部门及企业能够更好地把握大趋势大规律，对车次、航班进行优化调整。还有很多城市将百度地图、高德地图的签到数据、导航数据作为重要依据，使公交路线规划、城建方案设计更加科学。深圳市南山区依托全市统一的公共信息资源库建成自动比对系统，将散布在各部门的人口、就业、参保、房产登记、房屋租赁等数据整合起来，学生家长只需在网上申报或到现场一次性提交申请，就可以实现从新生入学申请到后台电子证照数据比对、审核等全过程的无纸化办理，平均每项信息比对耗时仅0.26秒，至少省去了3万人次原件的携带和12万份复印件的产生。大数据将推动社会信用体系建设。杭州市与芝麻信用合作，将多类政府部门数据与互联网数据整合，为每个公民形成“芝麻信用分”，公民能凭借高分值享受免费借书、免费租车、免费租房等服务。

大数据提升了社会治理能力。一是助力政府实现主动服务。信息技术特别是互联网的应用，让社会治理从单向管理走向双向互动、从线下推进走向线上线下融合，大数据则能够帮助政府更精准地把握民众诉求，从被动响应走向主动服务。例如，武汉、济南等地方已建立起12345市民热线的大数据分析机制，通过对海量市民电话数据的提炼、分析，发现用水用电、道路交通、公共安全、投资创业等群众普遍关心的焦点问题，并主动作为，让市民热线的含金量更高。二是推动公众参与社会治理。大数据能够推动社会治理模式从单纯政府管理向更加重视社会协同转变，实现公众参与的社会管理，强化公民的参与感，激发公民的主人翁意识。如：有网站让网民在地图上点击自己在下雨天遇到积水的地点，从而通过大量点击获得易发生积水的位置，帮助市政部门掌握信息，有效处置。三是大数据能够为信息安全乃至国家安全保障提供新的理念和技术手段。利用大数据分析挖掘，可以提高安全态势感知、预测以及应急处置的能力，提高情报分析、安全保障的现代化水平，提升国家安全攻防能力。济南市公安局建成“警务云计算中心”，联合各类公安应用154个、数据224类，实现了山东全省17个地市、160多个区县分局的信息联动和共享，有效地支撑了公安打防管控工作，加快了平安城市建设。

大数据促进了生态的精准治理。生态大数据是生态变迁的“收集器”，是生态发展的“显示器”，是生态治理的“指南针”，是经济发展的“变速箱”，通过生态数据资源整合共享，能够提高生态精准决策能力，实现生态环境的智慧共治。一是帮助精准治霾。雾霾污染主要产生于生产排放、空气污染、气象变化等过程。当前，已能够通过卫星遥感、无人机地面监测、激光雷达等立体观测手段对污染源排放信号或数据进行准确捕捉，而大数据技术则能够将这些数据进行精准定量分析和回溯，从而建立相应的数据模型，对复杂污染源之间的化学反应进行模拟推演，以便提前决策，控制污染源排放量。如：中科宇图和华为联合打造了环保云解决方案，充分利用物联网、传感网、大数据、卫星遥感（RS）、全球定位（GPS）、地理信息系统（GIS）、虚拟现实（VR）等新一代信息技术，把无人机高空视频监控、车载DOAS导航、污染源在线监测设备等各种感知设备嵌入到各种环境监控对象中，点、线、面全方位精准地对“天、空、地”监测污染源进行立体监测和可视化展示，并支撑集监测、分析、服务、监管于一体的综合应用，已广泛应用于北京昌平区、河南平顶山、山东济南、内蒙古、郑州、成都等地的精准治霾项目。二是帮助系统治水。通过在线监测设备和探头，河道能够实时监测和观察水质变化，并自动抽取水样进行分析，对水质不良变化进行警示、自动启动配水等干预措施，为科学治水、系统治水提供决策支撑。2017年7月，浙江省发布了省级河长制管理系统平台，基于河长制度，将各地河道流域的断面水体水质情况、水质变化数据、河长巡河记录、重点河道项目管理、公众投诉等数据通过统一标准实现共享，打破了传统行政区分割管理模式，通过流域管理进行治水，取得了显著效果。

第六节 数据红利在保障和改善民生中加快释放

医疗健康大数据迎来快速发展。当前，健康医疗大数据在临床诊断、慢性病管理、药品研发等方面的应用逐步拓展。在临床诊断方面，基于患者个人健康档案以及特定疾病的数据库，可以对患者诊疗进行多种措施比较分析，帮助医生明确最有诊疗决策；在慢性病管理方面，基于慢性病数据库结合远程智能监护系统，能够实时跟踪患者康复、用药、生活习惯等，并结合患者个性化慢性病管理经验，为患者设计定制化治疗方案，很大程度上降低患者的慢性病医疗成本；在药品研发方面，利用现有医疗数据加上数据建模和分析，可预测药品研发过程中的安全性、有效性、副作用等，可以有效地降低药品研发成本，降低药品价格。如：武汉兰丁医疗公司以600多万临床数据为基础，实现了宫颈癌细胞的快速精准识别，将癌症早期筛查从医生凭个人经验诊断，推进到由计算机标准化诊断的新阶段，能够在一天完成三甲医院病理医生近一年的工作量，并通过建立检测云诊断平台，实现了对全国各地大量上传样本的快速识别，促进了普遍医疗发展和医疗卫生水平提升。2017年，为贯彻落实《关于促进和规范健康医疗大数据应用发展的指导意见》，卫计委牵头筹建中国健康医疗大数据产业发展集团公司、中国健康医疗大数据科技发展集团公司、中国健康医疗大数据股份有限公司等三大国有企业，主导建设国家健康医疗大数据中心、区域中心、应用发展中心和产业园，通过集群优势，构建“1+7+X”（即一个国家数据中心，七个区域中心，若干个应用和发展中心）的产业生态，这将极大地促进我国医疗健康大数据的应用发展。

大数据驱动教育变革趋势明显。随着基于信息技术的教育教学模式创新、在线教育、远程教育等的普及，教育领域数据快速积累，以大数据方法驱动教育资源共享、教育决策科学化、教育方式精准化的探索快速推进。一方面，数字教育资源公共服务体系建设进入快车道。作为“三通两平台”的重要组成部分，教育资源公共服务平台边建设完善、边推进应用，规模初具，国家级平台初步建成，并建立了28个省级平台、152个市级平台和165个区县级平台，其中23个省级平台和35个有条件的市县平台与国家级平台实现了初步用户互认。2017年底，教育部推动实施《关于数字教育资源公共服务体系建设与应用的指导意见》，提出“全国一体系、资源体系通、一人一空间、应用促教学”的数字教育资源公共服务体系总体建设要求，规范、提升、完善平台的数字教育资源接入与服务，实现数字教育资源“一点接入、全体系共享”，为个性化网络空间教学提供基础支撑。另一方面，大数据对教育的重要价值在于可以实现大量教育数据的采集、处理和分析，以改变传统教育数据应用的范式，通过构建教育领域相关模型，探索教育变量之间的相关关系，为教育教学决策提供有效支持，从而实现人才培养个性化、教学评价多样化、教育决策科学化。

大数据使交通更加“智能”地服务。随着智慧城市建设的推进，大量的数据采集设备和数据集成技术应用于交通领域，在交通管理优化、公共车辆调度和出行者智能化服务以及应急安全防治等方面发挥了重要作用。一是大数据优化了交通管理手段。通过大数据技术对各交通部门数据进行集成和建模，对道路网络通行或拥堵状态进行模拟预判，基于此对交通调控进行提前部署，从而能够有效地提高交通运行效率。2017年，上海、杭州、长沙等地公安交通管理部门积极构建交通运行监测与指挥控制中心，基于交通信息采集系统、交通信号控制系统、道路交通监控系统、交通诱导显示系统、停车管理系统、交通违章处理系统等的应用，通过系统数据采集和分析还原司机行车轨迹、计算行车时间、预防并识别拥堵路段，实现实时的路网监控、拥堵点管控、信号控制和交通问题诊断，保障了区域路网交通运行畅通。二是大数据创新了公交服务体验。当前，大部分城市公交都面临着早晚高峰拥挤、换乘频次高、无地铁接驳公交线路等出行痛点，这很大程度上影响了乘客出行体验。通过IC卡应用及相应的大数据分析，及时掌握各条线路客流不均匀分布时态及乘客快速通勤需求，优化常规公交站台设置和发车频率，开设时段性定制公交，分担常规公交流量、提高线路较少路段乘客的出行效率，将有效促进公交系统服务水平提升。高德地图发布的《2017上半年度中国主要城市公共交通大数据分析报告》显示，广州、深圳、北京的公交线网重复覆盖系数分列全国前三，系数值分别是9.62、8.15和7.18，但同时，各城市也在相应开展线网优化调整工作，在线网覆盖率水平大部分不变的前提下，线路重复系数较2016年底普遍呈下降趋势，线网布局更为合理。三是大数据使用户出行更加便利。在高速出行方面，我国十分注重高速的智慧路网建设，大力推进高速公路电子收费（ETC）应用，实现用户规模超6000万，非现金支付使用率达37%，北京、江苏、广东等地的ETC应用还拓展到机场、医院、停车场区域。此外，高速公路还通过交通信息采集、交通气象采集、交通监控等系统应用，搭建用户服务体系，推出微信、微博、手机客户端、智能终端等应用，为高速公路用户提供多元化服务。

大数据助推旅游行业创新变革。大数据在旅游市场细分、营销诊断、景区监测、舆情监控等方面的应用，有助于对游客画像及旅游舆情进行精准分析，有效提升协同管理和公共服务能力，推动旅游管理、营销、服务等方面的创新变革。一方面，大数据优化了旅游公共服务。2017年4月，交通与旅游主管部门联合发布了《关于加快推进交通旅游服务大数据应用试点工作的通知》，推动参与试点省（区、市）在运游一体化服务、旅游交通市场协同监管、景区集疏运监测预警、旅游交通精准信息服务等方面开展大数据应用路径。以浙江为例，浙江基于“浙里好玩”旅游公共服务平台，与高德地图合作建设了全域浙江线上导览系统，针对景区车流量分析对4A级以上景区、白金民宿、风情小镇等进行线上导览和周边出行提示服务。另一方面，大数据创新旅游产品。在在线度假旅游市场增速减缓、用户需求多维度发展的背景下，携程、途牛等越来越多的在线旅游服务商应用大数据对用户进行分层、精准识别用户习惯、通过有效渠道触达用户、提供多维度产品服务矩阵。如：途牛通过对用户在酒店、景点、餐厅、交通等方面的各类出行数据集成分析，更深刻了解了用户的出行偏好、消费习惯，开发了“交通 + X”动态定制化旅游新模式，帮助用户更合理安排出游计划，进一步为用户自由行提供端到端服务体验。未来，随着自动驾驶、虚拟现实等技术与大数据的融合应用，人、车、景将以高度数字化场景呈现，各类应用将满足游客个性化需求的无限可能。

第五章　2017年中国移动互联网应用发展情况

第一节　移动互联网发展方兴未艾

移动互联网的定义分为广义和狭义两种。广义的移动互联网是指使用者通过手机、平板电脑等移动终端接入互联网进行生产工作等活动。狭义的移动互联网则是指使用者借助无线通信的方式使用智能手机等移动终端接入访问采用WAP的网站进行生产工作等活动。20世纪末，移动互联网概念初现，进入21世纪后，移动互联网受到全球范围各个领域的广泛关注和认可，并得到快速发展。

近年来，我国也在不断增强移动互联网建设，深化其在各个领域的应用。2017年，我国移动互联网发展取得显著成效，移动互联网市场规模体量进一步壮大。《2017年国民经济和社会发展统计公报》显示，2017年我国电信业全年新增移动电话交换机容量2.36亿，达到2.42亿户。年末全国电话用户16.11亿户，其中移动电话用户14.17亿户。移动电话普及率上升至102.5部/百人。移动宽带用户11.32亿户，比上年增加1.9亿户。移动互联网接入流量246亿GB，比上年增长162.7%。全年月户均移动互联网接入流量达到1775M，是2016年的2.3倍。

中国互联网络信息中心发布的第41次《中国互联网络展状况统计报告》显示，截至2017年底，我国手机网民规模已经达到7.53亿，网民中使用手机上网人群的占比由2016年的95.1%提升至97.5%（表5－1）。

表 5－1　2010—2017 年中国手机网民规模变化趋势

年份	手机网民规模（亿）	手机网民占整体网民比例（%）
2010	3.03	66.3
2011	3.56	69.4
2012	4.20	74.5
2013	5.00	80.9
2014	5.57	85.8
2015	6.20	90.1
2016	6.95	95.1
2017	7.53	97.5

资料来源：CNNIC，前瞻产业研究院，2018 年 4 月。

基础设施建设方面，截至 2017 年第三季度，移动互联网基础设施建设持续加快，前三季度累计新增移动通信基站 44.7 万个，总数达 604.1 万个。其中 3G/4G 基站累计达到 447.1 万个，占比达 74.0%（表 5－2），推动我国移动互联网覆盖范围和相关服务能力的快速提升。

表 5－2　移动电话基站数量及 4G 基站占比

时间	移动电话基站数量（万个）	4G 基站占比（%）
2010.12	139.8	—
2011.12	175.2	—
2012.12	206.6	—
2013.12	241.0	—
2014.12	339.7	25.0
2015.12	466.8	37.9
2016.12	559.4	47.1
2017.9	604.1	74.0

资料来源：CNNIC 第 41 次《中国互联网络发展状况统计报告》，2018 年 1 月。

技术及应用方面，4G 移动电话用户持续高速增长、移动互联网应用不断丰富，推动移互联网流量持续高速增长。2017 年 1 月至 11 月，移动互联网接入流量消费累计达 212.1 亿 G，比上年同期增长 158.2%（表 5－3）。

表 5－3 移动互联网接入流量

时间	移动互联网接入流量（万 G）
2010. 12	39936
2011. 12	54083
2012. 12	87926
2013. 12	132138
2014. 12	206231
2015. 12	418680
2016. 12	936122
2017. 9	2120743

资料来源：CNNIC 第 41 次《中国互联网络发展状况统计报告》，2018 年 1 月。

同时，从国家层面看，国务院、中央网信办等相关部门均发布文件积极推进移动互联网发展。从基础设施建设层面看，移动互联网基础设施建设成效显著，4G 网络建设全面拓展，在进行 5G 第三阶段试验的同时开启 6G 网络研发。从市场层面看，我国移动互联网用户总量增长速度有所减缓，然而用户结构优化，数据流量成倍增长，移动互联网应用市场规模位居全球首位。从企业层面看，移动互联网创新创业热度持续增强，行业“独角兽”公司成长迅猛。从技术层面看，无人机、智能机器人、智能家居、自动驾驶等领域不断取得技术创新及突破。

此外，随着手机不断占据其他个人上网设备的使用，降低了台式电脑、笔记本电脑、平板电脑等设备的使用率，智能手机的广泛使用不断夯实“万物互联”的基础。车联网、智能家电等产品的快速推广与蔓延也在不断提升“吃穿住行”的用户体验，加速构筑个性化、差异化、多样化、智能化应用场景。

第二节 移动互联网发展生态建设加快

2017 年 1 月，中共中央办公厅、国务院办公厅印发了《关于促进移动互联网健康有序发展的意见》（以下简称《意见》），是我国首份关于移动互联网发展的纲领性文件。《意见》提出，一是推动移动互联网创新发展。完善市场准入制度，加快信息基础设施演进升级，实现核心技术系统性突破，推动产业生态体系协同创新，加强知识产权运用和保护。二是强化移动互联网驱动引领作用。激发信息经济活力，支持中小微互联网企业发展壮大，推进信息服务惠及全民，实施网络扶贫行动计划，繁荣发展网络文化。三是防范移动互联网安全风险。提升网络安全保障水平，维护用户合法权益，打击网络违法犯罪，增强网络管理能力。四是深化移动互联网国际交流合作。拓展国际合作空间，参与全球移动互联网治理，加强国际传播能力建设。五是加强组织领导和工作保障。完善管理体制，扩大社会参与，推进人才队伍建设，强化法治保障。《意见》要求，要明确地方网信部门承担互联网信息内容的监督管理执法职责，健全中央、省、市三级管理体系，加大人员、经费、技术等保障力度。鼓励社会各界广泛参与移动互联网治理，健全行业信用评价体系和服务评议制度。全面实施网络安全法，加快推进电子商务法等基础性立法，制定修订互联网信息服务管理办法、关键信息基础设施安全保护条例、未成年人网络保护条例等行政法规。建立健全网络数据管理、个人信息保护等重点管理制度。

2017 年 6 月，《中华人民共和国网络安全法》正式开始施行，为营造绿色、清朗的网络空间提供了有力支撑。国家网信办等相关部门出台了关于社区论坛、直播平台、网络群组等领域的管理法规，以内容安全与正确舆论为导向，增强网络平台的主体责任，加大对网络平台生产传播内容的监管力度，推动移动互联网生态健康发展。同时，国务院印发的《新一代人工智能发展规划》（国发〔2017〕35 号）、工信部印发的《促进新一代人工智能产业发展三年行动计划（2018—2020 年）》（工信部科〔2017〕315 号）和《工业电子商务发展三年行动计划》（工信部信软〔2017〕227 号）等文件，均对移动互联网相关领域的发展和应用提出新要求，从各个方面推动移动互联网建设。

此外，2017 年 10 月，党的十九大提出要加快建设创新型国家，发展数字经济、共享经济，培育新增长点、形成新动能。移动互联网技术在各个领域的加速融合应用，将不断创造新的服务模式及新的产业形态，推动传统产业转型升级，为数字经济发展提供新动力。

第三节 中国移动互联网迈上国际舞台

2017年，中国移动互联网向国际舞台迈进，越来越多的互联网企业开始拓展国际市场业务，不断加强对中国产品、技术及应用的宣传及推广，全面提升我国互联网在全球的影响力，并在一定范围和程度上改变着国际互联网格局。

一是中国企业在“一带一路”互联网领域的建设中表现活跃和突出。华为、BAT、中国移动、中国联通、中国电信等企业，通过互联网、大数据、人工智能、区块链等新一代信息技术应用为沿线国家提供支持。如10月30日，阿里云宣布其马来西亚大区正式面向全球开放服务，这是阿里云继新加坡之后在东南亚区域提供服务的第二个大区，这也意味着阿里云在“一带一路”上的基础设施布局又进一步。中国移动充分发挥其在通信领域的国际影响力，推动全球主流4G技术标准统一为TD－LTE技术，并发起成立了GTI（TD－LTE全球发展倡议），从而促进TD－LTE的全球化推广。中国电信目前已在全球30个国家和地区设立分支机构，为政府、运营商、设备商等提供涵盖咨询、规划、工程建设、维护外包等的各项服务。

二是国产手机提前布局海外市场。数据显示，与2016年相比，2017年我国手机市场出货量有所减少，但部分提前布局海外业务的厂商仍然保持增长势头。根据IDC公布的数据，华为、OPPO和小米占据了2017年全球智能手机出货量前五中的3席位置，出货量份额总计达到24.3%。其中，华为2017年智能手机的出货量为1.531亿部，比2016年增加了0.138亿部，占据了10.4%的市场份额，与2016年相比提高了0.9个百分点。OPPO 2017年智能手机的出货量为1.118亿部，比2016年增加了0.12亿部，占据了7.6%的市场份额，与2016年相比提高了0.8个百分点。小米2017年智能手机的出货量为0.924亿部，比2016年增加了0.394亿部，占据了6.3%的市场份额，与2016年相比提高了2.7个百分点。

三是移动应用加快“出海”步伐。2017年，支付宝、微信支付等移动支付应用已经推广到包括东南亚以及欧洲的数十个国家。4月，阿里巴巴首次对外披露了全球速卖通（AliExpress）的最新成绩单，全球速卖通的海外买家数累计突破1亿，其中，过去12个月活跃买家数超过6000万，“一带一路”沿线国家用户占比达到45.4%。截至统计日期，速卖通的用户已经遍及220个以上的国家和地区，它也成为中国唯一一个能够覆盖所有“一带一路”沿线国家和地区的跨境出口外贸交易平台，并将不断提升我国移动互联网应用的国际影响力。此外，抖音、快手等直播企业纷纷进军国际市场，在海外展开激烈竞争，相关业务目前已拓展至五大洲的45个国家和地区。

四是共享单车加速海外业务拓展。2017年，摩拜等多家共享单车企业在海外20多个国家落地。11月，摩拜单车宣布在德国首都柏林投入运营，这是摩拜单车提供服务的全球第200个城市，标志着摩拜单车提前翻倍实现其2017年覆盖全球100个城市的全年拓展目标，摩拜单车也成为共享单车行业首个服务全球200个城市的企业。同时，摩拜单车目前为中国以及亚洲、欧美等其他11个国家提供智能共享单车服务，包括德国、英国、意大利、荷兰、新加坡、马来西亚、泰国、韩国、日本、美国以及澳大利亚。每辆摩拜单车都配备内置全球多模定位系统（包括GPS、北斗、格洛纳斯）的智能锁，实时连接摩拜单车物联网网络，企业的相关部门可以随时了解每一辆单车的运行状况和位置。摩拜单车利用每天积累超过30TB数据的数据库开发人工智能（AI）支持的创新解决方案，能够更好地预见及满足用户需求，并解决常见交通问题。

第四节　移动互联网创新应用不断深化

2017年，我国移动互联网服务场景不断丰富、移动终端规模显著提升、移动数据量持续扩大，移动互联网产业的价值空间加速显现。第41次《中国互联网络发展状况统计报告》显示，截至2017年底，我国手机网民用户规模已经达到7.53亿，网民中使用手机上网人群的占比已达97.50%，比2016的95.10%提升了2.4个点。其中，手机即时通信、手机网络新闻、手机网络音乐、手机网上支付、手机网上银行、手机网上外卖等的用户规模不断增加。同时，网民在线下消费使用手机网上支付比例达到70.00%，比2016年的

67.50%增加了2.5个百分点，年增长率达到12.30%；使用手机旅行预订的用户规模超过3.39亿，占网络旅行预订总用户规模的45.10%，年增长率达到29.70%；网民使用手机网上外卖的用户规模达到32229万，使用率达到42.80%，年增长率达到66.20%（表5－4）。

表5－4 2016.12—2017.12中国网民各类手机互联网应用的使用率

	2016.12		2017.12		
应用	用户规模（万）	网民使用率	用户规模（万）	网民使用率	年增长率
手机即时通信	63797	91.80%	69359	92.20%	8.70%
手机网络新闻	57126	82.20%	61959	82.30%	8.50%
手机搜索	57511	82.70%	62398	82.90%	8.50%
手机网络音乐	46791	67.30%	51173	68.00%	9.40%
手机网络视频	49987	71.90%	54857	72.90%	9.70%
手机网上支付	46920	67.50%	52703	70.00%	12.30%
手机网络购物	44093	63.40%	50563	67.20%	14.70%
手机网络游戏	35166	50.60%	40710	54.10%	15.80%
手机网上银行	33357	48.00%	37024	49.20%	11.00%
手机网络文学	30377	43.70%	34352	45.60%	13.10%
手机旅行预订	26179	37.70%	33961	45.10%	29.70%
手机邮件	19713	28.40%	23276	30.90%	18.10%
手机在线教育	9798%	14.10%	11890	15.80%	21.30%
手机微博	24086	35%	28634	38.00%	18.90%
手机地图、导航	43121	62%	46504	61.80%	7.80%
手机网上外卖	19387	27.90%	32229	42.80%	66.20%

资料来源：CNNIC第41次《中国互联网络发展状况统计报告》，2018年1月。

此外，截至2017年11月，我国市场上监测到的移动APP在架数量为391万款，其中，我国第三方应用商店移动应用数量超过224万款，占比达到55.7%；苹果商店（中国区）移动应用数量超过178万款，占比达到44.3%（表5－5）。

表 5－5　本土第三方应用商店与苹果应用商店 APP 数量占比

时间	本土第三方应用商店（%）	苹果商店（%）
2017.6	57.6	42.4
2017.7	58	42.0
2017.8	58	41.5
2017.9	57.9	42.1
2017.10	56.3	43.7
2017.11	55.7	44.3

资料来源：CNNIC 第 41 次《中国互联网络发展状况统计报告》，2018 年 1 月。

一、移动互联网基础应用平稳发展

2017 年，我国手机即时通信用户规模平稳增长，手机搜索用户规模及占比大幅提升，手机网络新闻用户规模增加，移动互联网基础应用保持平稳发展。

1. 手机即时通信用户规模稳定增长。截至 2017 年底，即时通信用户规模达到 7.20 亿，较 2016 年底增长 5395 万，其中，手机即时通信用户规模达到 6.94 亿，较 2016 年底增长了 5562 万（图 5－1），占手机网民的 92.2%。①

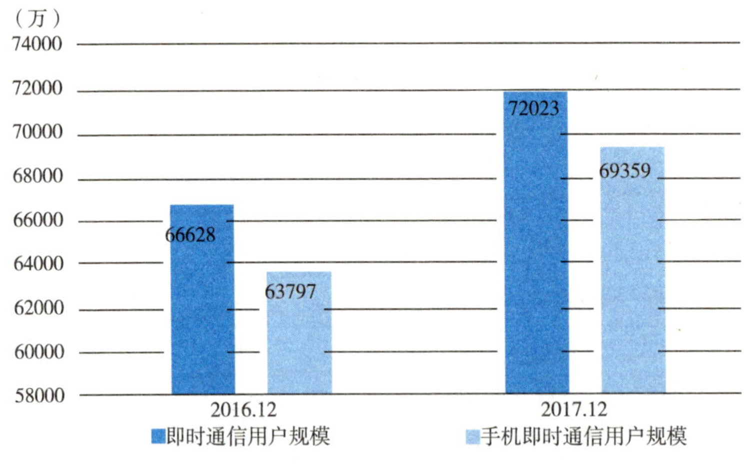

图 5－1　2016.12—2017.12 即时通信/手机即时通信用户规模

资料来源：CNNIC 第 41 次《中国互联网络发展状况统计报告》，2018 年 1 月。

① 第 41 次《中国互联网络发展状况统计报告》，2018 年 1 月 31 日，见 http://cnnic.cn/gywm/xwzx/rdxw/201801/t20180131_70188.htm。

2. 用户对本地化、个性化搜索的需求日益旺盛，手机搜索用户规模及占比显著增加。截至2017年底，我国搜索引擎用户规模达到6.40亿，使用率达到82.8%，与2016年相比，用户规模增加了3718万，增长率达到6.2%；手机搜索用户数达到6.24亿，使用率达到82.9%，与2016年相比，用户规模增加了4887万（图5-2），增长率达到8.5%。作为互联网基础应用，搜索引擎用户规模增速继续与网民总体规模增速基本保持同步，占手机网民的91.8%。

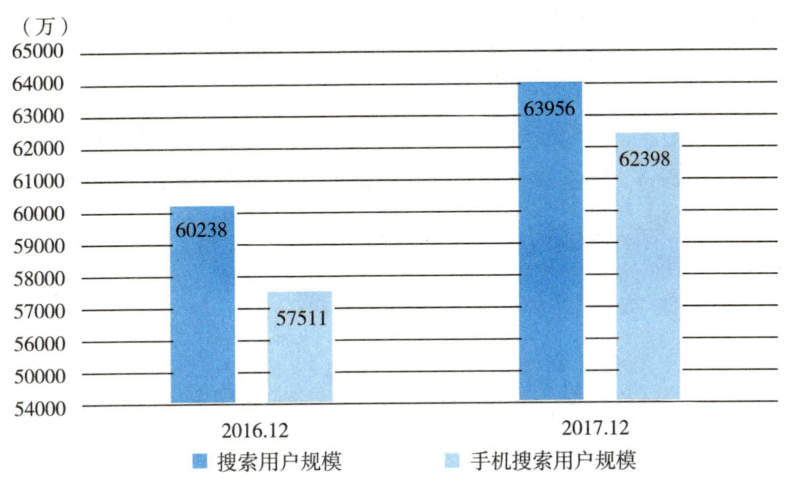

图5-2 2016.12—2017.12 搜索/手机搜索用户规模

资料来源：CNNIC 第41次《中国互联网络发展状况统计报告》，2018年1月。

3. 网络新闻用户向移动终端扩展，手机网络新闻用户规模持续提升。截至2017年底，我国网络新闻用户规模达到6.47亿，年增长率为5.4%，占手机网民的83.8%。其中，手机网络新闻用户规模达到6.20亿（图5-3），占手机网民的82.3%，年增长率达到8.5%。

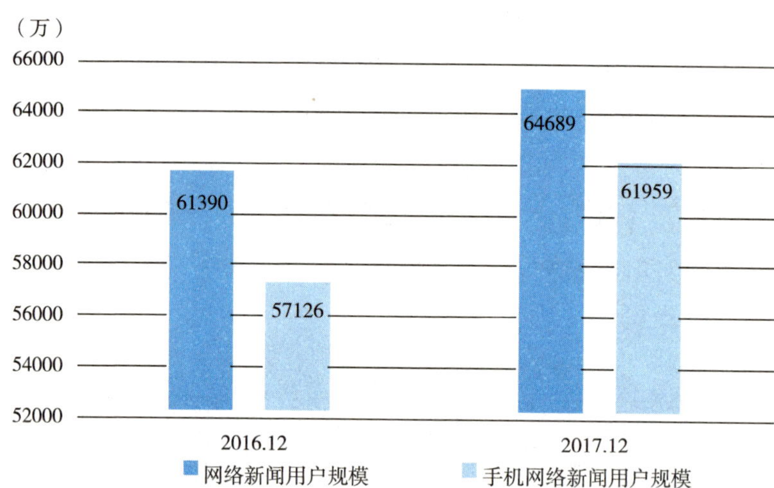

图 5－3　2016. 12—2017. 12 网络新闻/手机网络新闻用户规模

资料来源：CNNIC 第 41 次《中国互联网络发展状况统计报告》，2018 年 1 月。

二、移动互联网商务交易增势明显

移动互联网的商务交易类应用在 2017 年均保持快速增长，其中，手机网络购物进入完备发展阶段，手机网上外卖增长显著，外卖市场日趋成熟，手机旅行预订内容逐渐丰富，用户规模加速增长。

1. 手机网络购物进入完备发展阶段。截至 2017 年底，我国网络购物用户规模达到 5. 33 亿，占网民总体的 69. 1%，比 2016 年增加了 14. 3%。其中，手机网络购物用户规模达到 5. 06 亿（图 5－4），同比增长 14. 7%，使用比例达到 67. 2%。

2. 手机网上外卖增长显著，外卖市场日趋成熟。2017 年，网上外卖行业发展环境进一步优化，高频市场需求基本形成，外卖平台与餐饮品牌开始重视打造外卖品牌，网上外卖用户规模增长明显，线上线下融合速度加快，年增长率达到 64. 6%。截至 2017 年底，我国网上外卖用户规模保持高速增长态势，达到 3. 43 亿，与 2016 年相比，增加了 1. 35 亿，同比增长 64. 6%。其中，手机网上外卖用户规模达到 3. 22 亿（图 5－5），使用占比达到 42. 8%，较 2016 年提升了 14. 9 个百分点。

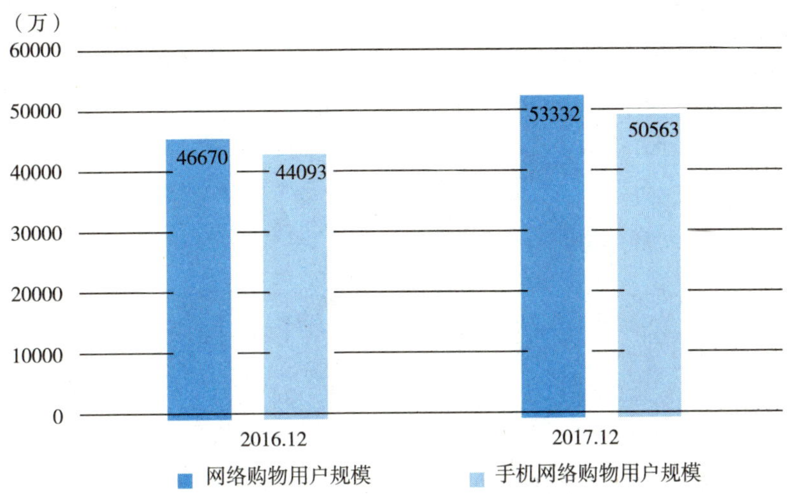

图 5－4　2016. 12—2017. 12 网络购物/手机网络购物用户规模

资料来源：CNNIC 第 41 次《中国互联网络发展状况统计报告》，2018 年 1 月。

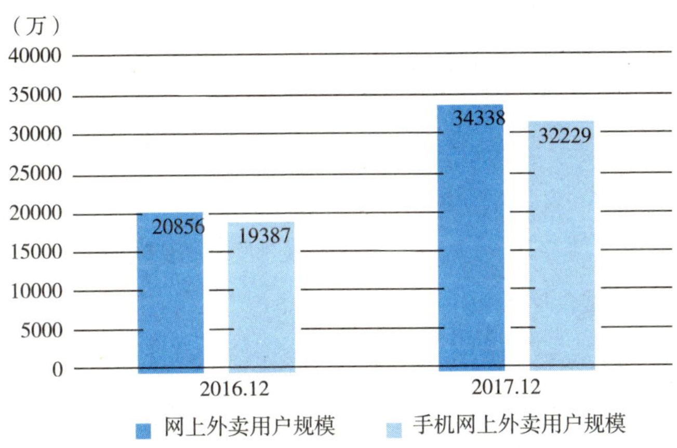

图 5－5　2016. 12—2017. 12 网上外卖/手机网上外卖用户规模

资料来源：CNNIC 第 41 次《中国互联网络发展状况统计报告》，2018 年 1 月。

3. 手机旅行预订内容逐渐丰富，用户规模加速增长。2017 年旅游企业强化战略合作，丰富旅游主题，以产品和服务提升市场销量，在线预订市场持续保持增长。截至 2017 年底，在线旅行预订用户规模达到 3. 76 亿，手机成为在线旅行预定的主要渠道。通过手机进行旅行预定的规模达到 3. 40 亿，与 2016 年相比，增长了 7782 万（图 5－6），增长率为 29. 7%。

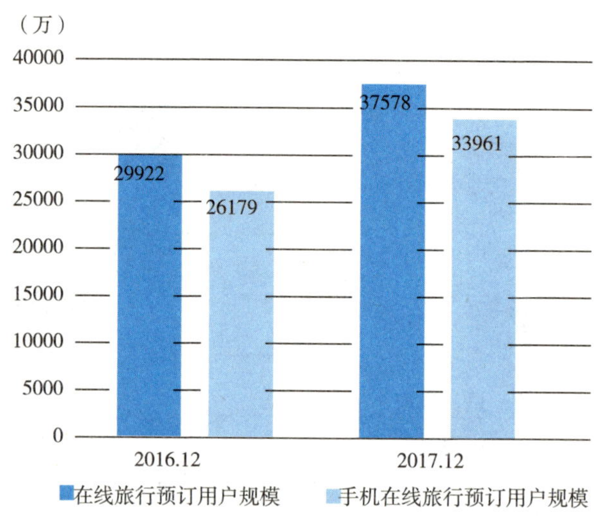

图 5－6　2016. 12—2017. 12 在线旅行预订/手机在线旅行预订用户规模

资料来源：CNNIC 第 41 次《中国互联网络发展状况统计报告》，2018 年 1 月。

三、移动互联网金融纵深发展

网上支付逐渐从 PC 端向移动端倾斜。截至 2017 年底，我国使用网上支付的用户规模达到 5. 31 亿，与 2016 年相比，增加了 5661 万，年增长率达到 11. 9%，使用率达到 68. 8%。其中，手机支付用户规模增长迅猛，达到 5. 27 亿，与 2016 年相比，增加了 5783 万（图 5－7），年增长率达到 12. 3%，使用占比达到 70%。

2017 年我国移动支付用户规模不断增加，用户对现金的使用需求逐渐降低，使用习惯加速向移动支付转变。根据调查显示，网民在线下消费使用手机网上支付的比例已经达到 65. 5%，比 2016 年底的 50. 3% 提升 15. 2 个百分点。其中，城镇网民使用比例达到 72. 3%，农村地区网民使用比例达到 47. 1%。此外，移动支付开始从打车、外卖、购物等个人消费服务场景以及早期的水、电等生活类缴费服务场景逐步向公共交通、高速收费、医疗等公共服务领域扩展延伸。

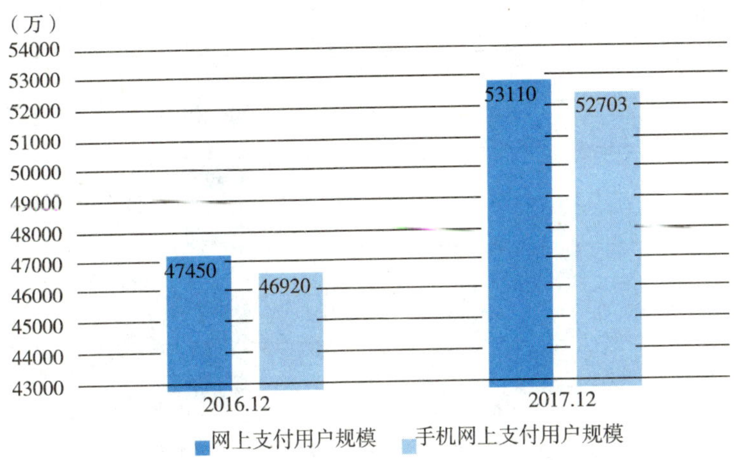

图 5－7　2016. 12—2017. 12 网上支付/手机网上支付用户规模

资料来源：CNNIC 第 41 次《中国互联网络发展状况统计报告》，2018 年 1 月。

四、网络娱乐向移动互联网延伸

2017 年，网络音乐、网络文学、网络游戏、网络视频等娱乐应用加速向移动互联网延伸，以手机为代表的移动终端用户规模增长明显。

1. 移动网络音乐用户在网络音乐用户中的占比逐步升高。截至 2017 年底，我国网络音乐用户规模达到 5. 48 亿，较 2016 年增加 4496 万，增长率为 8. 9%。其中，手机网络音乐用户规模达到 5. 12 亿，与 2016 年相比，增加了 4381 万（图 5－8），增长率为 9. 4%，同时，其在网络音乐用户中的占比达到 93. 37%，在手机网民中的占比为 68%。

2. 手机网络文学用户规模进一步扩大。截至 2017 年底，网络文学用户规模达到 3. 78 亿，较 2016 年底增加 4455 万。其中，手机网络文学用户规模为 3. 44 亿（图 5－9），较 2016 年底增加 3975 万，占网络文学用户的 90. 94%，占手机网民的 45. 6%。

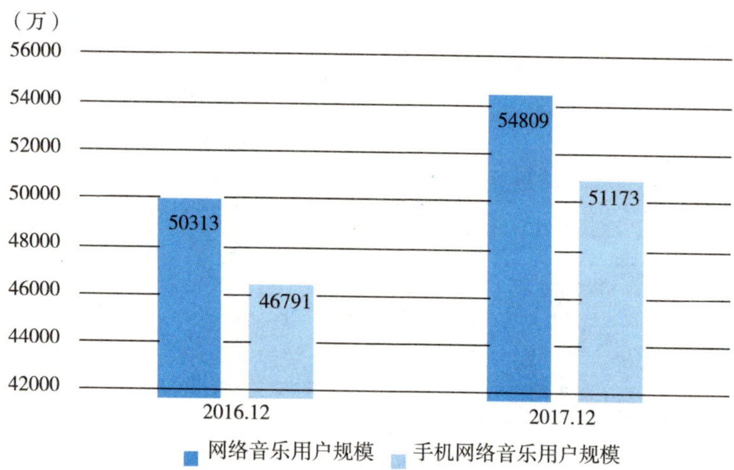

图 5－8　2016. 12—2017. 12 网络音乐/手机网络音乐用户规模

资料来源：CNNIC 第 41 次《中国互联网络发展状况统计报告》，2018 年 1 月。

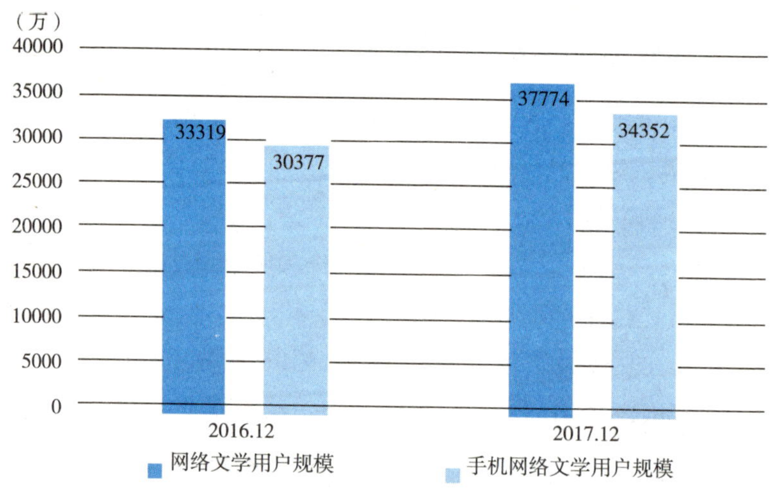

图 5－9　2016. 12—2017. 12 网络文学/手机网络文学用户规模

资料来源：CNNIC 第 41 次《中国互联网络发展状况统计报告》，2018 年 1 月。

3. 网络游戏加速向以智能手机为代表的移动客户端转移。截至 2017 年底，我国网络游戏用户规模达到 4. 42 亿，与 2016 年相比，增加了 2457 万，增长率为 5. 9%。手机网络游戏用户规模显著增加，达到 4. 07 亿，与 2016 年相比，增加了 5543 万（图 5－10），增长率为 15. 8%，占网络游戏用户的 92. 19%，占手机网民的 54. 1%。

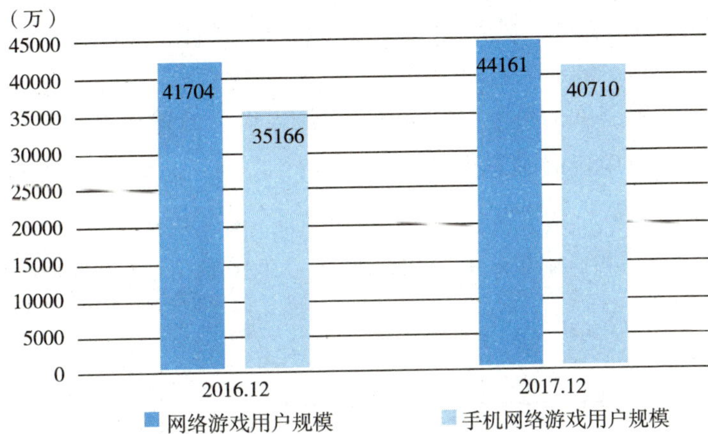

图 5－10 2016. 12—2017. 12 网络游戏/手机网络游戏用户规模

资料来源：CNNIC 第 41 次《中国互联网络发展状况统计报告》，2018 年 1 月。

4. 移动互联网视频用户逐渐增多。截至 2017 年底，网络视频用户规模达 5. 79 亿，较 2016 年底增加 3437 万，占网民总体的 75. 0%。手机网络视频用户规模达到 5. 49 亿，较 2016 年底增加 4870 万（图 5－11），占网络视频用户规模的 94. 76%，占手机网民的 72. 9%。

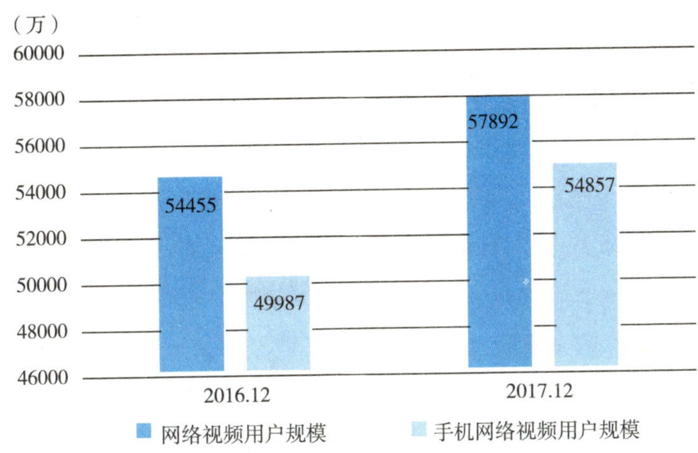

图 5－11 2016. 12—2017. 12 网络视频/手机网络视频用户规模

资料来源：CNNIC 第 41 次《中国互联网络发展状况统计报告》，2018 年 1 月。

五、移动互联网公共服务用户呈爆发式增长

1. 2017 年共享单车成为用户规模增长最为显著的移动互联网应用。截至 2017 年底，国内用户规模总量达到 2. 21 亿，占网民总体规模的 28. 6%，同时，用户规模半年来呈井喷式增长，增加 1. 15 亿（图 5 – 12），增长率达到 108. 1%。此外，共享单车业务已覆盖全国各主要城市，并渗透到 21 个海外国家。

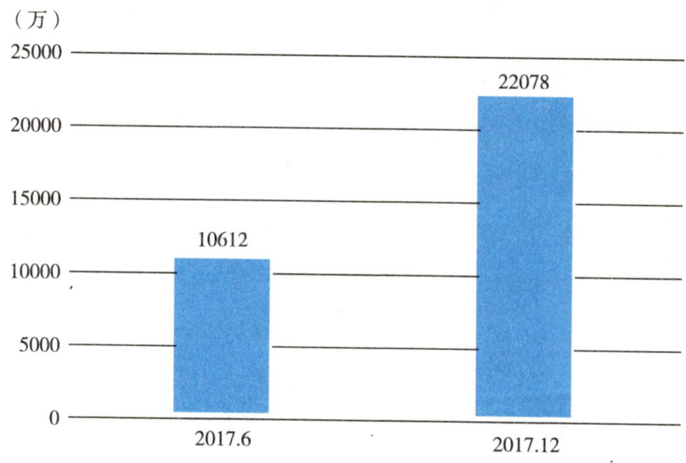

图 5 – 12　2017. 6—2017. 12 共享单车用户规模

资料来源：CNNIC 第 41 次《中国互联网络发展状况统计报告》，2018 年 1 月。

2017 年共享单车行业经历了由井喷式发展到淘汰整合的变化过程。一是在资本力量的助推下，较大型的共享单车企业在上半年频繁完成高额融资，同时，大量初创企业迅速进入市场，使得行业用户规模迅速突破两亿。二是处于行业领先地位的企业在全面布局一、二线城市后开始全面布局海外市场。三是随着行业竞争的不断加剧，很多缺乏资金实力和产品创新能力的中小企业陆续退出市场。四是共享单车行业规范化进程得到有效推进，随着《关于鼓励和规范互联网租赁自行车发展的指导意见》的出台，基于政府、企业、社会组织和社会公众合力的共同治理模式成为行业治理的主要探索方向，其中，2017 上半年因企业大量投放共享单车引起的市政管理问题在下半年得到一定程度的改善。

2. 网约车用户规模增长明显。截至2017年底，我国网约出租车用户规模总量达到2.87亿，与2016年相比，增加了6188万，增长率达到27.5%；网约出租车使用占比达到37.1%，较2016年增加了6.4个百分点。网约专车或快车用户规模达到2.36亿（图5－13），用户使用比例达到30.6%，比2016年的23.0%增加了7.6个百分点，增长率达到40.6%。

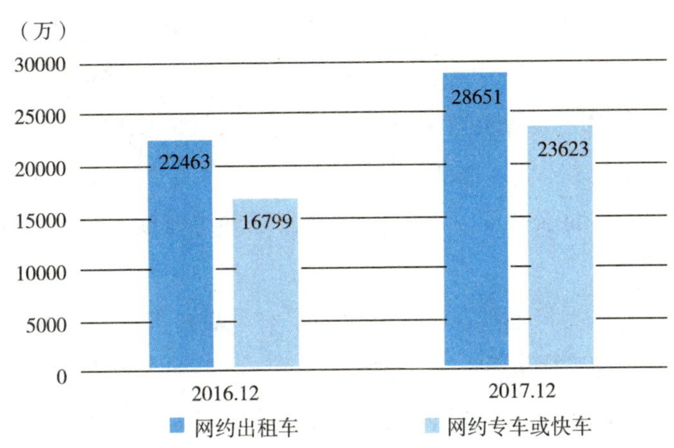

图5－13　2017.6—2017.12网约出租车/网约专车或快车用户规模

资料来源：CNNIC第41次《中国互联网络发展状况统计报告》，2018年1月。

2017年，随着各地网约车细则的陆续出台，网约车市场逐步向规范化发展，然而，随着网约车服务门槛的提高，市场保有量降低，用户打车难问题逐渐凸显。

总的来看，2017年我国移动互联网市场体量仍在不断壮大发展中，未来，随着5G时代的开启以及移动终端设备的快速发展，将为移动互联网的发展注入更多的能量，我国移动互联网各细分市场将持续快速发展。

第五节　移动互联网将步入深度融合、迭代创新阶段

随着新信息技术的快速发展和迭代，移动互联网将不断发挥其在中国改革开放历史进程中的重要作用，成为培育新增长点、形成新动能的重要基石，同时，我国移动互联网将进一步深耕海外，提升其在全球范围的影响力。

一是移动互联网将成为推动数字经济全面发展的重要动力。党的十九大提出要加快建设创新型国家，发展数字经济、共享经济，培育新增长点、形成新动能。移动互联网、云计算、大数据、人工智能等新一代信息技术向各个领域的融合渗透，将加速推动新模式新业态的形成，重铸传统产业结构，增强数字经济发展动力，推动中国数字经济发展驶入快轨道。

二是移动互联网将助推全球经济一体化进程发展。随着新一代信息技术的迅猛发展，市场对产品及服务的多样化、个性化等要求逐渐升高，中国互联网企业已经在国际市场激烈的竞争中积累了大量的成功经验，未来将进一步加深对国际市场的探索，发展国际业务，移动互联网作为互联网相关产业发展的重要基石，将获得更多关注，移动互联网也将成为全球经济一体化发展的重要推动力。

三是移动互联网将逐渐在各个行业向垂直领域延伸，加速形成万物互联、智能互联的新业态。随着5G技术的突破，中国5G网络的发展将走在世界前列，并提供全新的用户体验和强大的物联网连接能力，同时，将不断深入其在传统产业垂直领域的应用。各行各业的生产及服务方式将加速向定制化、分散化、差异化和灵活化转变，在教育、医疗、娱乐、交通等垂直领域形成移动智能设备引领的新业态，同时，大型企业也将加紧布局移动互联网的跨界协同发展，加速形成规模化的移动互联网发展新生态。

四是移动互联网将开启制造业网络化新篇章。《中国制造2025》《国务院关于深化制造业与互联网融合发展的指导意见》《关于深化“互联网+先进制造业”发展工业互联网的指导意见》等文件均明确指出要加快制造业网络化进程。在制造业网络化中，5G应用能够突破地域和领域的限制，为工厂提供光纤般的接入速率、毫秒级的端到端时延、百亿设备的连接能力、超强的可靠性，以及超高的流量密度和移动性等多个场景的服务。市场方面，亨通光电、卫士通、奥士康、立讯精密、创意信息等多家上市企业纷纷开始5G布局，将在未来全面支撑5G时代万物互联、无人驾驶、人工智能、AR等业务场景。同时，运营商也纷纷部署5G商用时间表，计划近两年建立开放实验室进行5G技术规模试验、试商用，并在未来实现5G技术规模商用。预计未来，在政府引导和市场需求的双重驱动下，制造领域将加速5G布局，推动5G引领的制造业网络化变革初现。

第六章　2017年中国新兴技术应用发展情况

第一节　人工智能红利加快释放

人工智能芯片蓝海价值初现。随着互联网、大数据等新兴技术的快速兴起，庞大的数据规模对处理器的速度和性能提出了更高要求，但摩尔定律趋于极限，冯·诺依曼体系结构限制了处理器的高速运行和信息流的高效传输，导致芯片底层架构变革需求日益迫切。同时，以深度学习为代表的人工智能算法模型的优化和创新步伐不断加快，已广泛用于自然语言处理、语音处理以及计算机视觉等领域，并在某些特定领域取得了突破性进展，这就要求人工智能芯片层面的创新必须保持与算法层面创新的协调推进，确保人工智能的竞争优势。因此，人工智能芯片市场开始繁荣，以GPU、ASIC、FPGA等为代表的芯片种类基于不同功能和应用需求形成百家争鸣、创新活跃的发展态势（见表6－1），这也为我国发展AI芯片提供了重要的发展机遇。一方面，深度学习的算法更迭尚未停止，支撑某项应用及其算法的计算架构创新仍有很大拓展空间，为我国创新型企业进入该领域创造了机会；另一方面，近十年来，我国在“核高基”国家科技重大专项的支持下，在高端通用芯片和基础软件领域，攻克了一些关键技术难关，有了一批标志性的成果，伴随产业生态的不断完善，我国人工智能芯片架构创新有了更坚实的基础。在此背景下，寒武纪依托中科院计算所和中科曙光的技术和产业资源，开发了面向神经网络的原型处理器结构的寒武纪1号、面向大规模神经网络的寒武纪2号、面向多种机器学习算法的寒武纪3号等三种深度学习芯片，从提供低功耗嵌入式终端的本地智能处理芯片解决方案入手，逐步向服务器云端的训练处理芯片布局，其中1A芯片已通过IP授权形式与华为手机进行深度合作。2017

年，寒武纪获得中科院1000万元的专项资金支持，用于探索下一代人工智能芯片的架构、算法以及在一些新型场景（如AR/VR）中的应用开发方法；8月，完成1亿美元A轮融资，领投方国投创业（国投集团子公司），阿里巴巴、联想、国科投资、中科图灵加入，原pre－A轮投资方元禾原点创投、涌铧投资继续跟投；目前估值已接近10亿美元，成为全球第一家智能芯片领域“独角兽”公司。此外，我国人工智能芯片初创企业——深鉴科技依托自研芯片“听涛”“观海”等，基于神经网络与FPGA平台，面向高级辅助驾驶（ADAS）、安防、数据中心等应用需求提供端到端解决方案，在我国AI芯片领域已成为中坚力量，2017年相继获得A轮、A＋轮融资，广受蚂蚁金服、三星和赛灵思（Xilinx）等科技巨头的青睐；2018年7月18日，赛灵思（Xilinx）宣布完成对深鉴科技的收购，利用深鉴科技的技术能力实现从云到端等各垂直应用领域的算法加速，而深鉴科技将依托赛灵思的渠道和平台优势，进一步加速其在自动驾驶领域的产品落地进程，这也很大程度体现了我国AI产业加速走向国际化的未来前景。

表6－1　深度学习领域常用的四大芯片类型及主要芯片商

类别	GPU	ASIC	ASIC：TPU	CPU	FPGA
特点	1. 可多达上千个简单核心，上千个并行硬件线程； 2. 并行运算能力、浮点运算能力强； 3. 最大化浮点运算数据吞吐量。	1. 需求确定后可进行专门优化设计； 2. 优秀的功耗控制； 3. 性能稳定、可靠性高。	1. 与TensorFlow深度结合，更接近DSA（Domain－Specific－Architecture）； 2. 已能同时用于高性能计算和浮点计算； 3. 结合谷歌云提供云计算服务。	1. 通用性强； 2. 核心复杂程度高； 3. 串行运算能力强，单线程性能优化； 4. 晶体管空间用于复杂并行性指令（Complex ILP）。	1. 电路级的通用性； 2. 可编程性； 3. 适用开发周期较短的IoT产品、传感器数据预处理工作以及小型开发试错升级迭代阶段。
代表企业	英伟达、AMD、Imagination等	英特尔、德州仪器、三星、高通等	谷歌	英特尔、AMD、高通等	Xilinx、Altera（已被英特尔收购）、Lattice、Microsemi

资料来源：天风证券研究所：《人工智能芯片行业深度研究》，2017年11月

以“平台＋场景应用”为主导的模式创新全面展开。随着人工智能的蓬勃发展，融合了芯片、系统、终端、云计算的融合性人工智能平台逐渐成为

企业抢占技术生态的制高点，是激发各领域人工智能应用的重要载体，初步显现出“平台+特定场景应用”的竞争格局。2017年11月，科技部公布了首批国家人工智能开放创新平台名单，分别是百度的自动驾驶国家人工智能开放创新平台、阿里云的城市大脑国家人工智能开放创新平台、腾讯的医疗影像国家人工智能开放创新平台、科大讯飞的智能语音国家人工智能开放创新平台。这四大平台将通过海量优质的多维数据结合大规模计算力的投入，以特定应用场景为接口，构建起覆盖全产业链生态的商业模式，满足用户复杂多变的实际需求。同时，具备新型芯片、移动智能设备、自动驾驶、无人机、机器人等设备研发制造能力的企业也能够结合应用环境，提供高效、低成本的运算能力和服务，与相关行业进行深度整合，从基础设施提供逐渐向产业链下游服务延伸拓展。如大疆深耕消费级无人机领域，在国内该领域占有率达75%，成为估值超百亿美元的“独角兽”企业。此外，一部分拥有人机交互、图像识别、自然语言理解等核心技术的企业积极构建技术应用与特定场景交互的系统或平台，开发定制化综合解决方案，为用户提供丰富的环境感知交互和人工智能应用体验。如旷视科技、海康威视等企业重点研发人脸检测识别、指纹识别等技术产品，用于综合案件和重要场所管控等领域；科大讯飞、汉王等企业则围绕语音交互、语义理解、文本识别等关键技术打造在线阅卷、在线辅导以及口语评测等产品，广泛服务于远程教育和技能培训。还有一些互联网企业凭借以往移动互联网和O2O模式下的成功经验，基于社区平台对用户和商家的分类功能及点对点服务特性，深度挖掘数据价值，构建人工智能应用精准营销和优质体验的业务生态体系。如京东通过轻资产、互联网化的运营模式号召合作伙伴加入自身的智能家居线上平台和供应链，打造智能家居综合解决方案。

人工智能加速构建新型产业形态。当前，以深度学习等关键技术为核心，以云计算、生物识别等数据及计算能力为基础支撑的人工智能进入集中爆发期，通过与各技术领域、各行业的融合，已经在金融、医疗、自动驾驶、安防、家居，以及零售等领域将应用场景落地生根，人工智能在加速产业链和价值链的重构，推动研发设计、生产制造和应用服务的变革，进而颠覆现有的制造模式和产业形态等方面的作用日益突出。一是人工智能将重构产业设计组织架构。一方面，人工智能依托其基础设施层中的大数据、云计算等要素，通过机器学习，逐渐替代研发设计环节中的流程性数据处理等工作部分，将工业设计中不精确的经验数据与海量实测数据进行简化，实现研发设计的动态模拟、运动分析、系统仿真与评价。比如，基于人工智能等技术的虚拟设计，即使用感官组织仿真设备和真实或虚幻环境的动态模型，生成或创造出人能够感知的环境或现实。另一方面，人工智能推动企业的创新设计组织架构从弱矩阵结构逐步向强矩阵结构演进，形成纵向以专业能力提升为主，横向以产品开发和共性基础技术为主的“一纵两横”组织架构，将研发体系从封闭式创新向开放协同式创新体系转变，通过建立全球分布式在线协同研发平台及机制，实现基于唯一数据源的全球多地企业内外部协同。比如，海尔打造的全球最大的开放式创新生态系统和全流程创新交互社区 Hope 平台，将供应商整合为模块商，实现产品生产的模块化，同时使模块商直达用户需求，并进行相应设计调整和产品研发。二是人工智能将创新新型产业制造模式。一方面，人工智能赋予智能机器人模拟人类大脑和神经系统的技能，并具备搜集与理解环境和自身的信息实现自测量、自适应、自诊断和自学习能力，通过人机之间相互“理解”、相互协作，进而代替人工将人类从生产制造中的物化劳动中解放出来，最终推动人类从体力劳动走向创造性劳动。另一方面，人工智能技术与生产制造、信息技术深度融合，将投料式、集中式的“硬性”纵向集成制造变革为能够智能仿真与优化、智能规划与智能检测的分布式、自组织的“超柔性”智能制造，通过贯穿整个价值链的工程化数字集成，实现基于价值链与不同企业之间的整合，有效解决传统制造环节与设计、物流、客户服务等环节的天然屏障，最大限度地实现端对端的集成。三是人工智能将构建新型服务形态。通过人工智能应用，企业对制造系统的五大要素（人、组织管理、物流、信息流和能量流）的全面搜集、分析、反馈能力大幅提升，使企业提供全生命周期无缝对接的主动服务、升级个性化多样化场景应用成为可能。比如，智能单元化物流技术、自动物流装备以及智能物流信息系统已成为打造智能物流的核心元素，使得物流变得更加高效、灵活和智能；生物识别和行为识别技术的发展，将使无人零售场景成为现实，用户通过身份识别后可以自由购物，离店时无缝结算，实现零售服务的高效便捷。

第二节 区块链发展步入黄金时代

区块链产业生态格局基本形成。当前，我国区块链产业呈现高速发展态势，该领域投融资事件频发，新增企业数量不断攀升，初步形成从底层的开发平台及基础应用到中层的技术服务及扩展再到上层面向金融服务、实体经济、政府管理、文化娱乐等各类应用，以及保障产业发展的研究、投融资、人才等各类机构发展的产业生态。从技术创新来看，以高校、初创公司、金融巨头为代表的研究机构与企业致力于区块链基础架构技术的研究，部分技术已达到国际水平，如由上海分布信息科技有限公司研发的“智能合约2.0”“跨链互操作协议”“抗量子密码”等一系列中国自主区块链前沿技术于2017年4月问世，在区块链技术开发、区块链互操作等方面提供了国际水平的解决方案；其还打造了首个中国团队主导的开源区块链技术框架——DNA，在支持联盟链、私有链等不同区块链之间的跨链互操作，支持区块链和传统网络之间交互等方面达到国际领先水平。从企业发展来看，截至2018年3月底，我国存续的区块链企业达456家，其中，2017年是区块链创业企业高速发展的一年，新成立公司数量达178家，[①] 投资事件数量接近100起。如万向集团建立了国内首个区块链云平台——万云（Wancloud），设立了专注于区块链领域的风险投资基金，累计投资金额超3000万美元，未来7年还将陆续投资2000亿元人民币建设以新能源汽车为核心产业的“万向创新聚能城”，将其打造成全方位大规模区块链技术应用项目。从区块链产业细分领域新成立公司分布状况来看，截至2018年3月底，区块链领域的行业应用类公司数量最多，其中为金融行业应用服务的公司数量达到86家，为实体经济应用服务公司数量达到109家。此外，区块链解决方案、底层平台、区块链媒体及社区领域的相关公司数量均在40家以上。[②] 如Onchain（分布科技）面向区块链数字资产应用，搭建可灵活扩展的各类基于分布式账本技术的基础平台，支

① 工业和信息化部信息中心：《2018年中国区块链产业白皮书》，2018年5月。
② 工业和信息化部信息中心：《2018年中国区块链产业白皮书》，2018年5月。

撑不同业务领域的应用发展服务创新；2017 年 5 月在杭州首届中国区块链开发大赛上发布了 Onchain DNA 系统 V0. 5 版，成为首批通过国家标准测试的区块链系统，可同时支持联盟链、私有链等不同应用类型和场景，快速与业务系统集成。此外，腾讯、阿里巴巴、百度、京东等互联网巨头也纷纷加入区块链技术的研究和场景应用创新当中。如腾讯基于 Trust SQL 技术，打造了企业级区块链基础服务平台，并在供应链金融、医疗、数字资产、物流信息、法务存证、公益寻人等多个场景展开服务。从地区发展来看，区块链地区集聚效应明显，其中，北京、上海、广东、浙江等的区块链企业数量之和占到全国总数的 80% 以上。

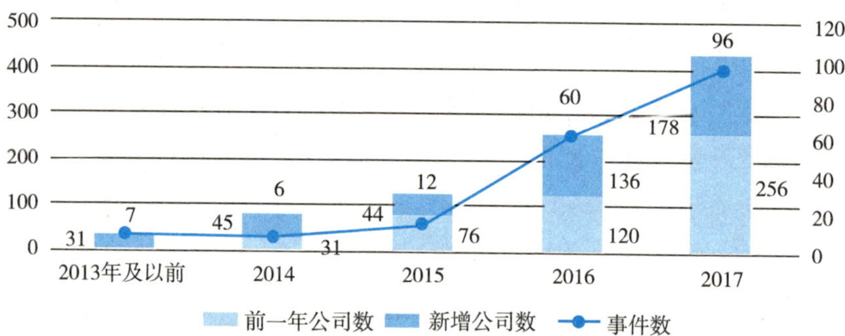

图 6－1　2013—2017 年中国区块链产业新成立公司数量和融资实践数变化趋势

资料来源：工业和信息化部信息中心：《2018 年中国区块链产业白皮书》，2018 年 5 月。

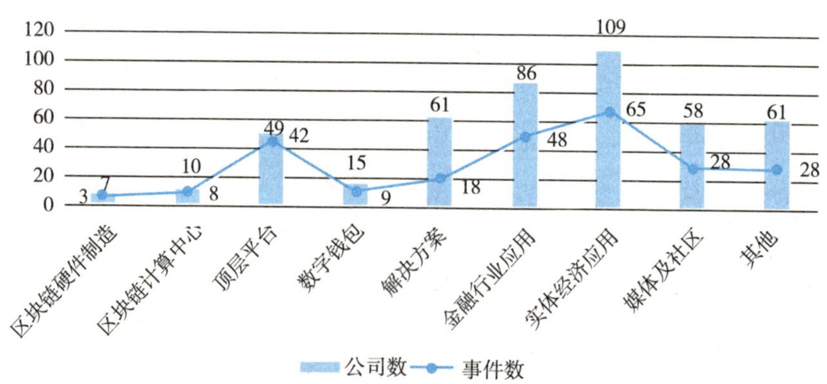

图 6－2　2018 年初中国区块链产业细分领域公司和融资事件数分布

资料来源：工业和信息化部信息中心：《2018 年中国区块链产业白皮书》，2018 年 5 月。

区块链应用全面开花。随着区块链技术发展日益成熟，其应用领域已逐步从传统的金融领域向智能制造、供应链、医疗健康等领域延伸拓展，并反向对云计算、大数据、物联网等新一代信息技术产业发展发挥了有力的促进作用。在金融领域，区块链技术凭借高可靠性、简化流程、交易可追踪、节约成本、减少错误以及改善数据质量等特质，既能成为构建监管部门所需要的、包含众多手段的“监管工具箱”，还能通过点对点的价值转移技术，重构金融基础设施架构，实现大幅度提升金融资产交易后清、结算流程效率和降低成本的目标，很大程度上解决支付所面临的问题。如招商银行落地了国内首个区块链跨境支付应用，微众银行通过基于区块链的机构间对账平台把对账时间从T+1日缩短至T+0，实现了日准实时对账。在智能制造领域，企业基于区块链技术在线上对业务系统交易、机器设备管理等全过程进行追踪，创新了基于平台的制造能力在线分享模式，促进了“弱信任”环境中的企业间多主体信息共享、有效协作效率提升。在供应链领域，区块链能够通过数据库的源头追踪功能，为供应链中的物流信息提供认证服务，并利用数字签名和公私钥加解密机制确保物流过程中的信息安全以及用户隐私，大幅简化物流程序和提升物流效率。如北京溯安链科技有限公司的溯源服务在广西小红薯、阳原杂粮、黑龙江富硒大米生产流通供应链中得到应用，满足了客户的产品溯源需求，提升了产品附加值。

区块链产业政策体系加快构建。当前，区块链技术已上升至国家科技战略层面，国家“十三五”信息化规划将区块链与量子通信、人工智能、虚拟现实、大数据认知分析、无人驾驶交通工具等技术共同列入重点前沿技术名单，明确提出需加强区块链等新技术的创新、试验和应用，以实现抢占新一代信息技术主导权。相关行业、国家和国际标准也在加速制定，以解决区块链的关键技术标准问题。各地政府相继出台区块链技术和产业发展扶持政策，旨在把握区块链产业发展机遇，抢占区块链产业发展制高点（见表6－2）。同时，区块链作为一项前沿技术，其所带来的新监管挑战也要求行业监管手段持续升级。为防范基于区块链的数字代币融资（ICO）模式带来的金融传销、欺诈风险，2017年9月4日，中国人民银行、银监会、证监会、保监会等部门联合发布《关于防范代币发行融资风险的公告》，明确代币发行融资本质上是一种未经批准非法公开融资的犯罪行为，已完成代币发行融资的组织和个人应当做出清退等安排，任何金融机构不允许以代币融资名义进行法定货币与代币或其他虚拟货币的交易服务等；同时，金丘科技、众享比特等公司面向区块链、人工智能等新兴金融技术应用监管需求，开发了基于区块链技术的监管科技解决方案，以便解决监管合规问题，减少合规费用。

表6-2 各地区块链代表性政策梳理

地区	时间	文件名	主要内容
北京市	2017.1	《北京市"十三五"时期现代产业发展和重点功能区建设规划》	积极稳妥发展互联网金融、消费金融、商业保理等新兴业态，推动数字普惠金融发展，构建绿色金融体系，探索区块链等创新型技术研究应用。
	2017.9	《构建首都绿色金融体系的实施办法》	发展绿色金融科技，运用互联网、大数据、云计算等技术手段，提高金融机构在绿色项目融资、资产定价、资源配置和风险管理等方面的运作能力。发展基于区块链的绿色金融信息基础设施，提高绿色金融项目安全保障水平。
上海市	2017.4	《互联网金融从业机构区块链技术应用自律规则》	据称其是国内首个互联网金融行业区块链自律规则，从而更好地引导、规范和促进互联网金融行业利用区块链技术服务实体经济；同年，上海智力产业园落地国内首个区块链孵化基地——"天空区块链孵化基地"，同时落户的还有"中关村区块链产业联盟上海协同创新中心"和"上海股权托管交易中心上海智力产业园孵化基地"。
天津市	2017.6	《天津市贯彻国家信息产业发展指南实施方案》	支持未来电视、天堰科技等重点企业面向人工智能、虚拟现实和增强现实等领域，提升容器、区块链、开发运营一体化等方面的关键技术服务能力，加快培育各类新型服务模式和业态，促进信息服务资源的共享和利用。
	2017.11	《天津市进一步扩大和升级信息消费实施方案》	发展信息技术综合集成服务，鼓励利用开源代码开发个性化软件，开展基于区块链、人工智能等新技术的试点应用，加快发展位置服务、社交网络服务、数字内容服务以及智能应用。
	2018.4	《天津市人民政府关于深化"互联网+先进制造业"发展工业互联网的实施意见》	促进5G（第五代移动通信）、软件定义网络、边缘计算、人工智能、增强现实、虚拟现实、区块链等技术在工业互联网中的应用研究与探索。
重庆市	2017.11	《关于加快区块链产业培育及创新应用的意见》	到2020年，力争全市打造2—5个区块链产业基地，初步形成国内重要的区块链产业高地和创新应用基地。

续表

地区	时间	文件名	主要内容
广东省	2018.3	《广东省深化"互联网+先进制造业"发展工业互联网实施方案及配套政策措施》	加快IPv6等核心技术攻关，促进边缘计算、人工智能、增强现实、虚拟现实、区块链等新兴前沿技术在工业互联网中的应用研究和探索。
	2018.4	《广东省扩大和升级信息消费实施方案(2018—2020年)》	在人工智能、区块链应用、新数字家庭、文化娱乐、电子商务、智能教育、智能医疗、智能交通等领域，实施一批信息消费试点示范项目，形成辐射带动效应。
深圳市	2017.9	《深圳市扶持金融业发展若干措施》	金融科技（Fintech）专项奖，重点奖励在区块链、数字货币、金融大数据运用等领域的优秀项目，年度奖励额度控制在600万元以内。
	2018.3	《市经贸信息委关于组织实施深圳市战略性新兴产业新一代信息技术信息安全专项2018年第二批扶持计划的通知》	区块链属于扶持领域之一，按投资计算，单个项目资助金额不超过200万元，资助金额不超过项目总投资的30%。
浙江省	2017.7	《浙江省"十三五"重大基础研究专项实施方案》	针对互联网金融、服务型制造等大数据新型应用业态，研究区块链、高维动态金融大数据关联分析等技术。
	2017.11	《浙江省服务业"四大经济"创新发展行动方案》	推进中心城市科技城、各类产业园、众创空间等重大载体建设，促进移动互联网、大数据、云计算、人工智能、物联网、区块链等新技术在服务领域转化应用，谋划实施一批新业态新模式示范项目。

资料来源：工业和信息化部信息中心：《2018年中国区块链产业白皮书》，2018年5月。

第三节　边缘计算持续升温

边缘计算是逆中心化IT计算服务架构的新型计算形态。云计算兴起以来，中心化的计算架构成为普遍应用模式，所有节点采集的数据都需要经过网络传输到位于中心位置的数据中心，然后进行存储、处理和交互并形成决策，反向指导节点的智能运行。边缘计算却是反其道而行之，将数据计算处理、系统集成应用和安全保障功能从数据中心转移至物理逻辑上的边缘节点，确保数据在网络边缘侧得到实时分析、处理与存储，从而集中式、拓扑式计算网络架构得以分解，边缘节点自此拥有了强大的边缘智能。据统计，到2020年全球物联网接入节点数量将呈爆发性增长，预计拥有超过500亿的终端和2120亿的传感器，其中我国将拥有约35亿终端、150亿传感器，约占全球总数的7%，而每个物联网节点都会产生大量的实时数据，预计全球节点产生的数据总量将大于40ZB。① 这些大规模的数据如果都应用传统的中心化云服务架构集中处理的话，将导致接踵而至的响应速度慢、服务连续中断、安全无法保证等问题；同时，节点硬件资源、节点间网络不可靠和带宽受限的条件下，数据实时处理也将无法实现。在此背景下，边缘计算应时而起，在靠近物理终端或数据源头的网络边缘侧搭建集网络、计算、存储、处理、应用能力于一体的开放平台，实时提供数据驱动的智能服务，犹如人类的神经末梢，对简单的刺激进行自处理并将处理信息反馈给云端大脑，通过云端大脑的优化对边缘侧系统持续迭代升级，以更好地应对下一次任务需求。其特点主要包括：一是低延时，能够在本地进行数据分析计算，更好地支持业务的实时处理与执行；二是带宽要求小，终端的绝大部分数据不需在设备和云

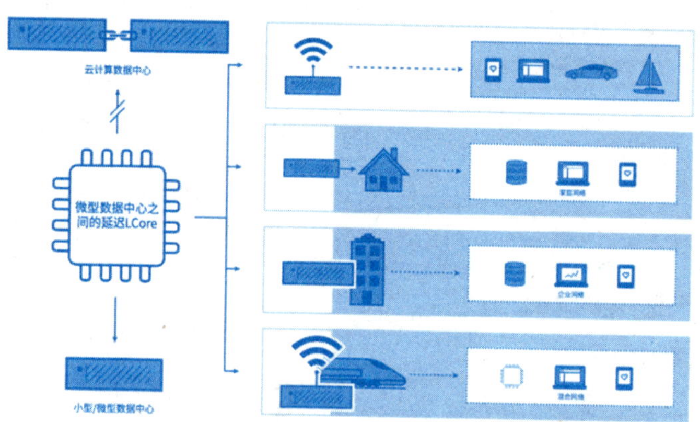

图6－3　边缘计算与云计算的协同模式

资料来源：Openstack：《边缘计算白皮书——跨越传统数据中心》，2018年2月。

① 搜狐科技：《浪潮副总裁赵瑞东：浪潮移动边缘云，引领边缘计算新时代》，2018年4月12日，见http：//www.sohu.com/a/228053424_ 406085。

端间往返，有效减少网络流量压力；三是效率高，能够就近实现数据分析并作出反馈，业务执行效率更高；四是易于部署，支持带动性，对带宽、环境条件要求不大，能够广泛部署。

各类主体加快边缘计算产业化布局。2015—2016 年，微数据中心技术被列入 Gartner 的新兴技术成熟度曲线（Hype Cycle），2017 年基于微数据中心的边缘计算技术正式出现在新兴技术成熟度曲线上，并即将接近曲线顶峰，预计在 2—5 年内将成为主流。从国际市场来看，以亚马逊、微软等为代表的高科技企业依托在虚拟化、软件定义、可感知网络等领域的技术领先优势，率先在边缘计算产业化方面开展布局。2016 年，亚马逊发布了 AWS Greengrass 边缘计算平台，为用户提供了实时互联响应、可供边缘应用开发和分析的环境；2017 年 6 月，微软推出了面向物联网的 Azure IoT Edge 服务，赋予边缘设备计算能力，并于 2018 年 6 月发布官方版，通过 GitHub 开源手段确保每个物联网设备都能应用云服务；思科、英特尔、惠普等硬件企业也在积极探索基于智能终端设备的 EMC（Mobile Edge Computing）应用，但还未形成面向行业的定制化解决方案。总体来说，国外企业在边缘计算应用场景的扩张速度和市场化能力发展步伐较慢。相比之下，国内企业正在凭借广泛的市场需求和快速迭代的场景应用加快提升边缘计算技术成熟度、发展定制化的服务解决方案，有可能在边缘计算产业化赛道上实现后来居上。一方面，以网宿科技等为代表的内容分发网络服务商（Content Delivery Network，CDN）基于成熟的分布式架构基础，加速搭建开放的边缘计算开发框架和应用环境，研发能够提供更多资源和服务的功能模块，致力于边缘计算服务输出；另一方面，以华为云、阿里云、浪潮云等为代表的云基础设施服务商加速推动计算、存储和网络向边缘设备倾斜，以减少大节点数据中心的应用负荷。由于各自优势不同，各服务商也在探索一条适合自身特点的发展路径，如华为云基于芯片、网络、终端设备等“硬实力”，发展软硬一体的边缘计算架构整体解决方案，阿里云推出边缘计算产品 Link Edge，聚焦于智慧城市、智能家居、智能工厂等行业应用上的扩张，浪潮发布移动边缘云产品，将边缘的计算、存储、网络、安全等功能与人工智能大数据平台融合，满足用户随需而变的移动数据中心 IT 服务需求，为军事、工业领域应用提供基础、统一管理、隔离的计算和存储单元。同时，移动通信运营商致力于将无线网络和互联网两类技术有效融合，并在无线网络侧增加计算、存储、处理等功能，通过无线API开放无线网络与业务服务器之间的信息交互，将传统无线基站与互联网联通后升级为智能化基站，为用户提供更高效服务。如大唐移动提出了面向5G应用需求的AgileSite（敏捷服务节点）整体解决方案；京信通信系统控股有限公司联合香港应用科技研究院在2017世界移动通信大会上展示了虚拟化移动边缘计算平台及运行于该平台上的车联网原型系统。此外，各类产业联盟在积极发起和推进边缘计算的研究、标准、产业化活动。研究方面，2016年10月，由IEEE和ACM正式成立了IEEE/ACM Symposium on Edge Computing，组成了由学术界、产业界、政府（美国国家基金会）共同认可的学术论坛，重点围绕边缘计算的应用价值开展交流。2017年，国际电工委员会（IEC）发布了VEI（Vertical Edge Intelligence）白皮书，探讨了边缘计算对于制造业等垂直行业的重要价值。标准化方面，ISO/IEC JTC1 SC41成立了边缘计算研究小组，以推动边缘计算标准化工作。联盟建设方面，2016年11月，华为技术有限公司、中国科学院沈阳自动化研究所、中国信息通信研究院、英特尔公司、ARM和软通动力信息技术（集团）有限公司联合倡议发起边缘计算产业联盟（Edge Computing Consortium，ECC）。2017年，我国工业互联网联盟（IIC）成立了边缘计算研究组（Edge Computing TG），致力于边缘计算领域的学术研究和交流合作。

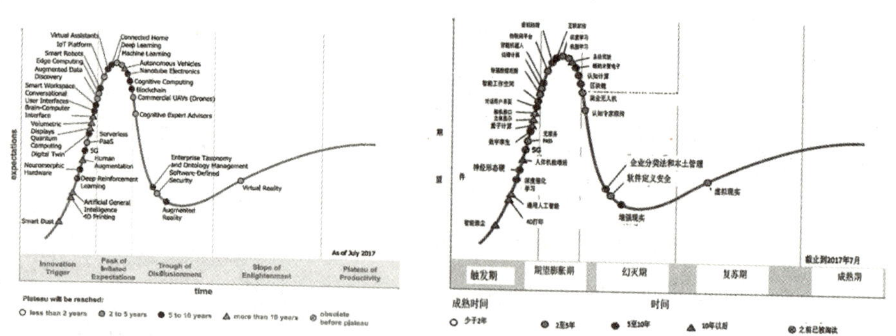

图6-4　2017年新兴技术成熟度曲线

资料来源：Gartner，2017年7月。

边缘计算正成为智能化行业的新热点。边缘计算作为一个嵌入物联网设备的微型数据中心，能够赋予小到一个安防摄像头、大到车载终端等各类设备间数据交互与协同运作的能力，从个性化服务、预测性维护、安全防护等方面实现智能化升级，从而提高用户体验。一方面，边缘计算在推动制造业智能化转型中发挥重要作用。边缘计算是信息物理系统（CPS）的重要组成部分，位于控制系统底层、嵌于设备中的计算资源均属于边缘计算资源，以此构建一套精准、实时、高效的数据采集体系，实现物理空间隐性数据在赛博空间的显性化（数字双胞胎），为智能制造场景服务。另一方面，边缘计算通过智能设备深入人类生活的方方面面，视频图像处理、设备自动化等越来越多应用需求在终端进行实时运算处理和云端协同，支撑智慧城市、智慧家庭、智慧楼宇、智能安防、共享单车等各类场景运营。以华为发布的基于边缘计算的物联网解决方案（EC－IoT）为例，其基于轻量级物联网操作系统LiteOS＋敏捷控制器＋边缘计算网关架构，支持应用场景中物联网设备终端传感网络互联，通过开放接口与合作伙伴的应用系统或平台对接，就近提供存储、分析、计算和智能服务，广泛应用于智能楼宇、工业机器人、智慧水务等具体场景。在智慧楼宇应用方面，EC－IoT实现楼宇中复杂多样控制设备间的统一连接、物联网终端的云化管理，以及楼宇控制的分布式部署和弹性扩展，提高工作效率，节约运行成本；在工业机器人应用方面，华为与Infosys合作推出基于EC－IoT的工业机器人/机床解决方案，利用边缘计算网关在本地部署轻量级应用，实时判断工业机器人/机床的故障隐患，并根据不同设备使用情况，优化产线资源，合理排产，使停机时间减少70%；在智慧水务应用方面，华为与威派格合作推出基于EC－IoT的智慧水务解决方案，通过边缘计算网关实时监控设备和水质状况，利用大数据分析预判设备故障，帮助水务企业和运营管理部门减少70%的故障维修时间，降低80%的人力维护成本。

第四节　超级计算产业化进程正在提速

我国超级计算机水平处于世界领先地位。超级计算机是一种超大型电子计算机，具有强大的计算和数据处理功能、快速的运算速度和最大存储容量能力，并配备多个外部设备及丰富的高性能软件系统。超级计算机作为尖端技术和前沿基础研究的重要基础设施，用于加速解决聚变能源、全球气候变化、新材料设计、宇宙起源、脑功能、AI、气动数值计算、大型装备结构设计仿真等重大问题，对国家安全、经济和社会发展具有举足轻重的意义，是国家科技发展水平和综合国力的重要标志。发达国家高度重视超级计算机发展，投入巨额资金支持研发，在基础软硬件不断升级的态势下，超级计算机后发优势明显，持续地相互赶超成为常态。2008—2017 年，国际 TOP500 组织发布了 20 期全球超级计算机 500 强榜单，依次登上榜首的有美国的 Roadrunner 和 Jaguar、中国的天河 1 号、日本的 K Computer、美国的 Sequoia 和 Titan、中国的天河 2 号和神威·太湖之光。其中，由中国国家并行计算机工程技术研究中心（NRCPC）开发的、部署在无锡国家超级计算中心的神威·太湖之光和由国防科技大学（NUDT）开发的、部署在广州国家超级计算机中心的天河 2 号连续四次分列冠亚军。在 2017 年 11 月公布的第 50 次 TOP500 榜单上，中国超级计算机上榜系统数达到 202 台，并在总体性能（aggregate performance）上以 35.4% 的浮点计算力占据榜首。

表 6-3　全球主要超级计算机性能指标对比（数据截至 2017 年 11 月）

超算名称	排名	国别	首次上榜时间	峰值/性能效率	处理器方案（数量×型号）	功耗/能效比
神威·太湖之光	1	中国	2016.6	125.4PF/74.2%	40960×申威 26010	15.4kW/6.1GF/W
天河二号	2	中国	2013.6	54.9PF/61.7%	32000×英特尔 Xeon E5-2692 48000×英特尔 Xeon Phi	17.8kW/1.9GF/W
Piz Daint	3	瑞士	2012.11	25.3PF/77.5%	5272×英特尔 Xeon E5-2690 5272×英伟达 Tesla P100	2.3kW/10.4GF/W
Gyoukou	4	日本	2017.6	28.2PF/67.7%	1250×英特尔 Xeon D-1571 19375×PEZY-SC2	1.3kW/14.2GF/W
Titan	5	美国	2012.11	27.1PF/64.9%	18688×AMD Opteron 6274 18688×英伟达 K20x	8.2kW/2.1GF/W

资料来源：TOP500，赛迪智库整理，2018 年 6 月

超算应用领域正加快拓展。随着超级计算机与云计算、大数据、人工智能等新技术融合发展，超级计算在服务于国家重大科技项目之外，也在逐渐推进与生物医药、能源、材料、工程、国家安全等领域的应用。国家超算无锡中心十分重视服务产业创新，于2018年4月发布了“神威社区”和“无锡超算云平台”，谋划以开放共享的社区建设和便捷、高效的高性能计算应用通用云平台，构建世界一流的高性能计算生态。此外，无锡中心还依托神威·太湖之光与远景能源合作开展“格林威治智慧风场”项目，基于超算能力为远景能源提供集风资源预测、风场精细选址、风机建造于一体的风场全生命周期服务；在此项目基础上，无锡中心还对2014—2015年间的全国风资源数据进行测算，使用天数仅有12天，比原本的45天提速近4倍，将数据误差控制在0.5%之内。无锡中心还将进一步设立CAE设计、电磁仿真、新药研发、汽车设计、船舶设计、电机设计、动漫渲染、风电仿真、深度学习等十大产业化平台，持续扩大神威超算的应用生态。作为我国高性能计算领军企业，中科曙光在基于行业的深度定制服务方面也开拓了更为广阔的市场空间，包括推动中科院创新与产业化联盟的成立，并与中科院大气所和网络中心等进行应用和项目的合作开发，与中科院网络中心和中科院计算所成立了超级计算相关的联合实验室，比如与Intel成了MIC应用程序优化联合实验室，与英伟达成立了关于深度学习的实验室，发布了XSystem深度学习产品；其还将依靠产品和技术创新的优势，为用户提供包括客户咨询、方案规划、系统实施、专业培训、性能优化、后期运维的全生命周期专业服务。

超算进入E级计算需求新阶段。在生命科学、人工智能、大数据处理等新兴应用领域，都是基于复杂的图结构、通过图模型和图算法来处理数据，需要强大的计算能力来模拟更大规模的应用，并同时增加应用的分辨率，这相应需要计算能力几个数量级的提升，预计计算机系统峰值性能在2020年至少应该达到1Eflop/s，可以说，E级超算是未来发展的重要方向。当前，E级超算作为公认的“超级计算机界的下一顶皇冠”，已成为各国竞相角逐的战略制高点。美国、欧洲、日本等国家和地区已先后提出自己的E级超算研发计划：美国“百亿亿次计算项目”计划于2021年完成首台E级超算A21的研制工作，日本“旗舰2020计划”将在2021年或2022年推出E级超算，欧盟也计划在2022年实现E级超算的突破；我国已将E级超算写入“十三五”规划，目前正在全力以赴，同时开展天河三号、中科曙光E级、神威E级等三大E级超算系统的研发，且全部采用国产核心处理器。我国已在E级超算国际竞赛中掌握一定的先机，于2018年5月首次展示了达到E级超算水平的天河三号原型机，有望在2020年率先发布E级超算。作为国家“十三五”高性能计算专项课题承担企业，中科曙光于2016年7月就启动了E级高性能计算机原型系统研制项目，并于11月公布了E级计算系统研发路径图；针对超算研发中关键的能耗和存储系统问题，公司自主研发的全浸式相变冷却液冷技术突破PUE瓶颈，将帮助解决E级超算超高能耗的问题；2017年3月，国家发改委正式批复中科曙光建设“地球数值模拟装置”，推动其E级超算研制进入加速期，并预计于2018年底完成E级高性能计算机原型系统构建，引领我国E级超算发展。

第五节　量子通信应用生态建设稳步推进

我国抢占量子通信网络建设先发优势。量子通信是利用量子相干叠加、量子纠缠效应等进行信息传递的一种新型通信技术，其突出优势是：在通信安全、信道容量、抗干扰能力等方面都会明显突破经典通信技术的极限。自2003年Hwang提出诱骗态思想，使弱相干光源进行安全成码成为可能起，到2007年，以我国潘建伟院士团队为代表，国际几个小组先后完成了基于诱骗态方法进行的远距离量子密钥分发试验，正式开启了量子通信技术应用的大门。在基础上，各发达国家和地区纷纷对量子通信协议技术、系统器件和组网架构等领域进行战略部署。美国已经建成多处城域量子网络并启动了覆盖全国的量子环网计划，于2003年资助建立了世界首个量子密钥分发网络，欧盟在2008年建成了SECOQC量子通信网络，西班牙在2009年建成了马德里量子通信网络实验床，日本于2010年建成了4节点东京量子通信网络，并计划到2040年建成极限容量、无条件安全的广域光纤与自由空间量子通信网络，等等。围绕量子通信网络布局，我国依托“墨子号”和“京沪干线”两大核心工程，积极构建全国乃至全球领先的广域量子保密通信网络。其中，“京沪干线”于2017年8月30日通过总技术验收，已实现全线贯通，具备了开展相关业务应用的能力。同时，“京沪干线”在世界上首次实现了基于可信中继方案的远距离量子安全密钥分发，验证了基于异或中继方案的多节点量子密钥安全中继技术、远距离量子保密通信产品的可靠性、大规模量子保密通信网络的管理能力，检验并提升了量子保密通信设备的成熟度与稳定性，推动了量子密钥中继设备、光量子交换机、波分复用等各种信道产品的开发和制造，与国外其他厂商相比，产品更加丰富，在组建多节点的城域网和大型干线网络方面具有明显优势。此外，中国首个商用量子通信专网——济南党政机关量子通信专网也于2017年9月12日通过了专家评审，完成全网验收并投入使用。这在很大程度上为我国量子通信应用和产业化发展提供了强大的支撑平台。

量子通信产业化布局全面展开。量子通信网络建设推动了量子通信产业的快速发展，吸引了一大批国际巨头公司，如Airbus Defence and Space、Alcatel Lucent、ASML、Bosch、IBM，Nokia、IMEC、Safran、Siemens、AT&T、Bell实验室、Hewlett-Packard、Philips、Thales、Hitachi、NEC、NTT、Toshiba、英国电信以及法国电信等，纷纷投入高额研发资本，介入量子通信产业化开发。目前，已经能提供商业化量子密码产品的国际公司主要有：瑞士的IDQuantique，美国的MagiQ Technologies、Qubitekk，法国的Smart Quantum和澳大利亚的Lagnon Quintessence Labs等，其中瑞士的IDQuantique和美国MagiQ Technologies是全球主要的量子通信设备和解决方案供应商，它们能够提供商用化的量子密钥分发系统器件、终端设备和整体应用解决方案。在我国，受政策引导和产业前景的驱使，国内多家公司已经参与到量子信息产业链的各个环节当中：位于产业链上游的光纤、元器件和终端制造等环节主要供应商有华工科技、福晶科技和中天科技等，但仍缺乏大规模的量子通信专用器件生产企业。位于产业链中游的量子通信核心设备以及网络建设和运维的领域，主要企业有国盾量子、安徽问天、阿里巴巴和神州信息等，其中国盾量子和安徽问天是全球领先的量子通信设备和解决方案供应商，量子网关、量子交换机等核心设备全部实现国产化。下游的网络运营及专网服务等环节主要有中信国安、浙江东方、皖能电力和科华恒盛等企业，面向国防、政务、金融和能源电力等方面的行业应用。

量子通信网络在多个领域开展试用。① 依托“京沪干线”及沿线城域网，在金融领域，通过与中国人民银行和中国银监会合作，工商银行、交通银行等10多家银行以及证券、期货、基金等一批其他金融机构率先开展了数据中心异地灾备、企业网银实时转账等应用，特别是中国人民银行实施了“人民币跨境收付信息管理系统RCPMIS”为核心的量子保密通信应用。在云服务领域，与阿里云合作，融合量子和云技术，在云上实现了网商银行商业数据的加密传输。在电力领域，通过与国家电网合作，实现了电力领域重要业务数据信息利用量子保密通信技术在京沪两地灾备中心之间的加密传输，并开展了基于量子保密通信技术的内部办公和对外业务的安全防护。在政法领域，济南党政机关量子通信专网已经开始运营，服务于济南市的党政、公安、司法机关，并将向全省推广；最高人民法院与安徽省高院之间正在开展量子视频试点业务，并希望在条件成熟时，向全系统推广。在其他领域，如武警、检察院以及医疗大数据等，应用示范正在逐步推进。

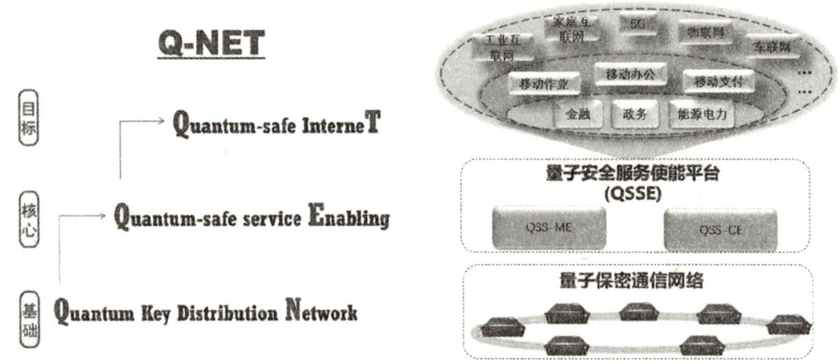

图6－5　Q－NET新型量子安全服务体系架构

资料来源：《Q－NET：量子安全服务体系白皮书》，国科量子通信，2017年9月。

量子安全应用服务体系加快建设。虽然量子保密通信取得长足进步，但在运营服务支撑、应用广泛集成、安全通信服务等方面仍然面临严峻挑战。为进一步提升量子安全通信服务能力，以国科量子通信公司为代表，提出了基于Q－NET广域覆盖星地一体量子密钥分发网络（Quantum key distribution

① 国科量子通信网络有限公司：《Q－NET：量子安全服务体系白皮书》，2017年9月。

Network），通过量子安全服务使能平台（Quantum - safe Service Enabling platform，QSSE）提供互联网化的量子密钥服务的安全服务体系架构，以便与各行各业应用紧密结合，实现量子安全互联网（Quantum - safe InterneT）目标。Q - NET 体系架构主要分为量子密钥分发网络层、量子安全服务使能层、量子安全业务应用层，以此为基础面向行业场景需求提供量子安全应用产品，确保现有 ICT 业务应用能够方便地迁移到量子安全模式，能够面向移动办公、移动支付、移动专网等场景提供移动用户端到云端服务器的量子安全加密服务，并能与 5G、物联网、车联网、工业互联网、家庭互联网等新兴技术深度融合，在无人驾驶、工业控制、智能家居等领域实现更深度的量子安全应用服务。这为构建量子安全应用生态提供了良好的架构基础。

发 展 篇

第七章　2017 年中国信息基础设施发展情况

第一节　信息基础设施建设继续加强

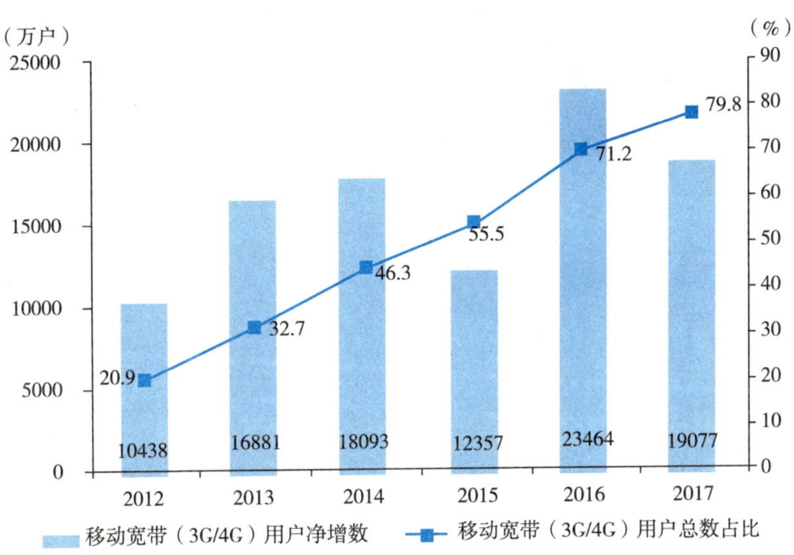

图 7－1　2012—2017 年移动宽带用户（3G/4G）发展情况

资料来源：工业和信息化部运行监测协调局，2018 年 2 月。

2017 年移动宽带用户数占到全部移动用户数的 80%。根据工信部运行监测协调局公布的《2017 年通信业统计公报》，截至 2017 年 12 月底，移动宽带用户（即 3G 和 4G 用户）达 11.3 亿户，占到全部移动电话用户的 79.8%。中国电信、中国移动和中国联通固定互联网宽带接入用户达 3.49 亿户，比上年增加 5133 万户。其中，50Mbps 及以上接入速率的固定互联网宽带接入用户达 2.44 亿户，占总用户数的 70%；100Mbps 及以上接入速率的固定互联网宽带接入用户达 1.35 亿户，占总用户数的 38.9%。①

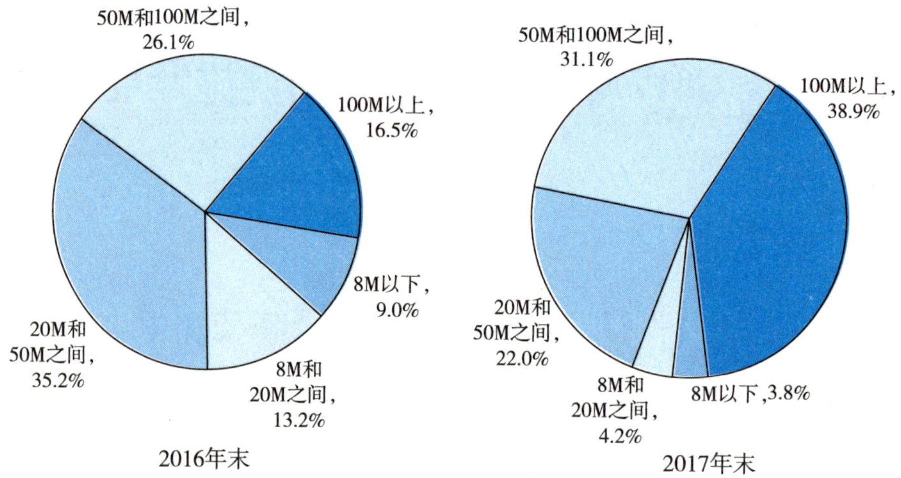

图 7－2　2016—2017 年固定互联网宽带各接入速率用户占比情况

资料来源：工业和信息化部运行监测协调局，2018 年 2 月。

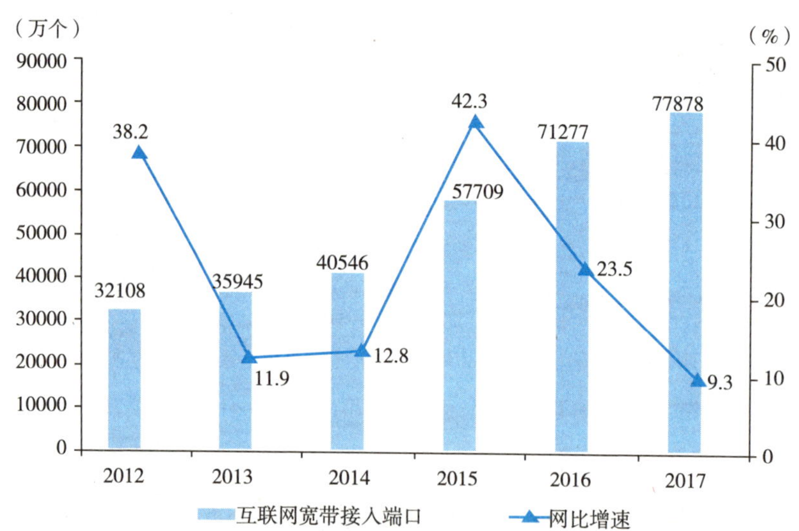

图 7－3　2012—2017 年互联网宽带接入端口发展情况

资料来源：工业和信息化部运行监测协调局，2018 年 2 月。

① 运行监测协调局：《2017 年通信业统计公报》，2018 年 2 月 2 日，http：//www.miit.gov.cn/n1146285/n1146352/n3054355/n3057511/n3057518/c6047251/content.html。

“光进铜退”趋势愈加明显。2017 年全国光缆线路总长度达 3747 万公里，比上年增长 23.2%。其中，新建光缆线路长度 705 万公里。截至 2017 年 12 月底，互联网宽带接入端口数量达到 7.79 亿个。其中，光纤接入（FTTH/0）端口比上年净增 1.2 亿个，达到 6.57 亿个，占互联网接入端口的比重由上年的 75.5% 提升至 84.4%。xDSL 端口总数降为 2248 万个，占互联网接入端口比重下降至 2.9%。

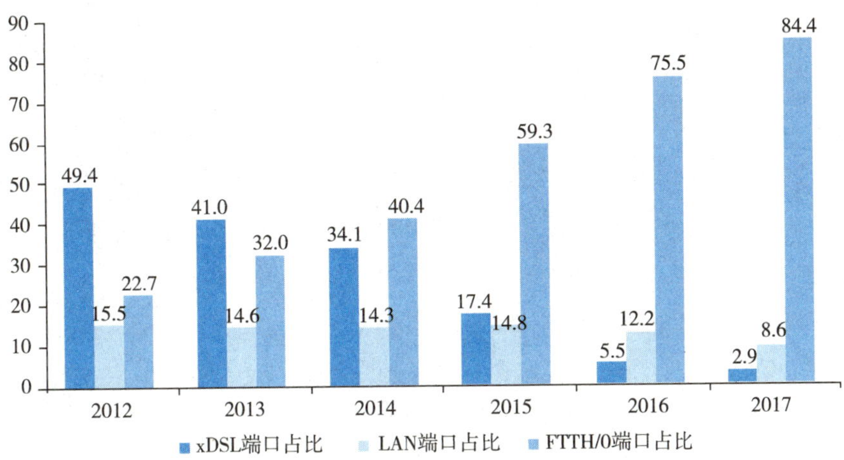

图 7－4　2012—2017 年互联网宽带接入端口按技术类型占比情况（%）

资料来源：工业和信息化部运行监测协调局，2018 年 2 月。

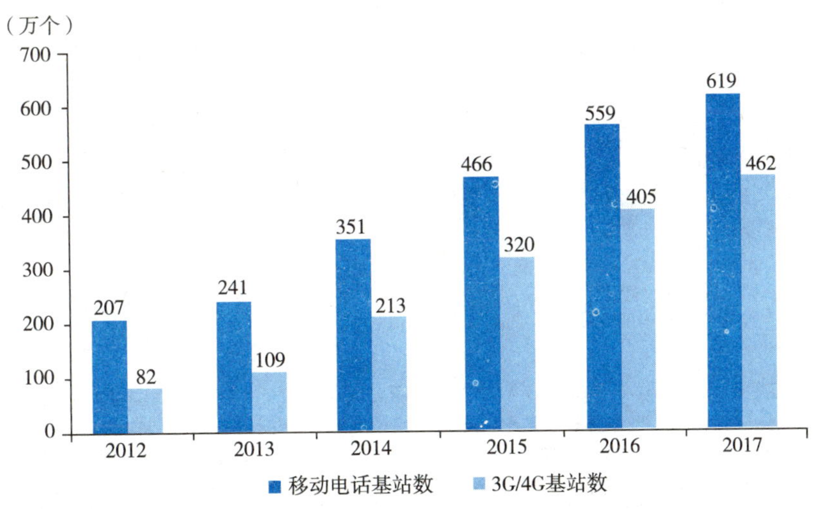

图 7—5　2012－2017 年移动通信基站数量

资料来源：工业和信息化部运行监测协调局，2018 年 2 月。

4G 网络继续扩大覆盖范围。2017 年全国净增加移动通信基站 59.3 万个，总数为 619 万个，是 2012 年数量的 3 倍。其中，4G 基站净增 65.2 万个，数量达到 328 万个。

第二节　5G 研发和产业化取得积极进展

2017 年我国 5G 研发和产业化发展取得积极进展。组织参与 5G 国际标准制定，成功将新型网络架构、网络编码、大规模天线等新技术纳入国际标准。5G 研发在大规模天线、先进编码、新型多址、网络架构等关键技术上取得突破。我国 5G 技术研发试验第二阶段试验顺利完成，启动了第三阶段试验，10 多家国内外企业参与 5G 外场试验。

2017 年 9 月 28 日，IMT - 2020（5G）推进组发布了中国 5G 技术研发试验的第二阶段测试结果[①]，并向参与厂家颁发了证书。其中，五家系统厂家是华为、中兴、大唐、爱立信和上海诺基亚贝尔；三家芯片厂家是联发科技、展讯和英特尔；三家仪表厂家是德罗德与施瓦茨、大唐联仪。研发测试证明，现有 5G 新空口关键技术和方案设计，能全面满足 ITU 要求的峰值速率、时延和流量密度等指标需求。

第三阶段试验计划于 2017 年底 2018 年初启动，计划在 2018 年底前完成。2017 年 11 月 17 日，工信部办公厅发布《关于启动 5G 技术研发试验第三阶段工作的通知》。《通知》要求明确试验目标、建设试验环境、加快设备研发、开展融合试验和加强统筹安排。[②] 2018 年 1 月 2 日，工业和信息化部信息通信发展司在北京组织召开“5G 技术研发试验第三阶段规范”评审会。[③] 评审专家组对 IMT - 2020（5G）推进组制定的 5G 技术试验第三阶段首批规范包括

---

① 信息通信发展司：《第二届 5G 创新发展高峰论坛在北京召开》，2017 年 9 月 29 日，http：//www. miit. gov. cn/n1146285/n1146352/n3054355/n3057674/n3057678/c5831780/content. html。

② 信息通信发展司：《工业和信息化部办公厅关于启动 5G 技术研发试验第三阶段工作的通知》，2017 年 11 月 23 日，http：//www. miit. gov. cn/n1146285/n1146352/n3054355/n3057674/n3057678/c5923460/content. html。

③ 信息通信发展司：《5G 技术研发试验第三阶段规范评审会在京召开》，2018 年 1 月 2 日，http://www. miit. gov. cn/n1146285/n1146352/n3054355/n3057674/n3057678/c6000225/content. html。

《5G核心网设备技术要求》《5G低频基站设备功能技术要求》《5G终端设备技术要求》等8项规范进行了评审。评审专家组认为，5G规范技术路线选择合理，规范内容比较完整，可指导第三阶段试验。

2017年1月6日，科技部召开新闻发布会介绍了“新一代宽带无线移动通信网”国家科技重大专项。在“十三五”期间，国家“新一代宽带无线移动通信网”专项紧盯总体目标，重点聚焦5G和LTE增强技术研发。在5G方面，重点是推动形成全球统一的5G标准，基本完成5G芯片、5G终端和5G系统设备研发，计划2020年启动5G商用。在LTE增强技术方面，重点支持LTE增强关键技术、终端芯片等产业链薄弱环节的研发。①

第三节　网络提速降费深入推进

2017年网络提速降费工作力度加大、成效明显。2017年2月，国务院常务会议再次要求电信运营商提速降费。3月，李克强总理在《政府工作报告》中提出“今年网络提速降费要迈出更大步伐，年内全部取消手机国内长途和漫游费，大幅降低中小企业互联网专线接入资费，降低国际长途电话费”。工信部根据国务院常务会议精神和《政府工作报告》要求开展了网络提速降费工作。主要包括：一是完成国务院领导到电信运营商调研的相关工作，并按要求推动各项工作进一步落实。二是协调电信运营商加大投资力度，提前全面取消手机国内长途和漫游费，降低中小企业互联网专线资费、国际长途电话资费等。基础电信企业于9月1日已全面取消手机长途和漫游费，全国50M以上宽带用户比例超过60%，4G用户平均下载速率较上年同期提高30%，互联网骨干网间互联带宽扩容目标超额完成，手机国内长途和漫游费全面取消，手机流量资费、中小企业专线资费大幅下降。② 2017年上半年，移动流量资费进一步降低了33%，中小企业专线资费标准降低了15%—

---

① 科技部：《“新一代宽带无线移动通信网”国家科技重大专项新闻发布会》，2017年1月6日，http：//www. nmp. gov. cn/tpxw/201701/t20170110_ 4869. htm。

② 办公厅：《2017年工作和五年来的成绩》，2017年12月25日，http：//www. miit. gov. cn/n973401/n5977672/n5977717/c5981105/content. html。

20%，用户获得感持续增强。[①] 三是强化信息发布和标准指导，指导宽带发展联盟发布《中国宽带速率状况报告》等报告。目前，固定宽带和移动宽带速率分别为16.4M和15.4M，比上年同期分别增长49%和30%。四是固定宽带网络向光纤升级演进，已经建成光网城市，光纤网络覆盖面最广。全球光纤宽带用户占比达到83.1%，居全球首位。五是建成全球规模最大的4G网络，4G基站总数达300万个。[②] 未来，工信部将继续引导基础电信企业进一步提速降费，面向贫困地区和贫困群众推出专属的优惠资费，积极配合有关部门推出多样化的宽带网络应用普及。[③]

通过实施专项行动计划推进提速降费。2017年5月，工信部和国资委两部门发布《关于实施深入推进提速降费、促进实体经济发展2017专项行动的意见》[④]。《意见》从四个方面包括加大电信基础设施投入、深挖宽带网络降费潜力、鼓励宽带应用融合创新、优化提速降费政策环境等提出了17项举措，安排和部署了全年的提速降费工作。在提速方面，提出要“持续推进高速宽带网络部署”“同步提升城域网和骨干网能力”“持续改善网间及国际访问性能”“着力增强互联网网站服务能力”等。在降费方面，提出要“推进资费水平下降”。支持基础电信企业全面取消手机国内长途和漫游费；大幅降低面向“双创”基地、中小微企业的互联网专线接入价格水平。支持基础电信企业加大与境外电信企业的国际结算价格谈判力度，不断降低国际长途电话资费水平。鼓励企业进一步简化资费方案，优化套餐设计。

在工业互联网领域推动网络改造升级提速降费。《国务院关于深化“互联网+先进制造业”发展工业互联网的指导意见》提出，要“推动网络改造升级提速降费”。面向企业低时延、高可靠、广覆盖的网络需求，大力推动工业企业内外网建设。加快推进宽带网络基础设施建设与改造，扩大网络覆盖范

---

① 苗圩：《制造强国和网络强国建设迈出坚实步伐》，2017年10月17日，http：//www.miit.gov.cn/n1146290/n1146397/c5863624/content.html。

② 闻库：《深入推进网络强国建设 推动信息通信业持续健康发展》，2017年12月25日，http：//www.miit.gov.cn/n973401/n5977672/n5977743/c5982435/content.html。

③ 国务院新闻办公室：《国新办举行前三季度工业通信业发展情况发布会》，2017年10月27日，http：//www.miit.gov.cn/n1278117/n4310819/n4310832/c5882939/content.html。

④ 信息通信发展司：《两部门关于实施深入推进提速降费、促进实体经济发展2017专项行动的意见》，2017年5月16日，http：//www.miit.gov.cn/n1146290/n4388791/c5645702/content.html。

围，优化升级国家骨干网络。推进工业企业内网的 IP（互联网协议）化、扁平化、柔性化技术改造和建设部署。推动新型智能网关应用，全面部署 IPv6。继续推进连接中小企业的专线建设。在完成 2017 年《政府工作报告》提出的网络提速降费任务基础上，进一步提速降费，特别是大幅降低中小企业互联网专线接入资费。加强资源开放，支持大中小企业融通发展。加大无线电频谱等关键资源保障力度。[1]

第四节　电信普遍服务步入攻坚阶段

2017 年，电信普遍服务进入攻坚阶段。3 月 30 日，信息通信发展司组织召开 2017 年电信普遍服务试点工作电视电话部署会。会议总结了 2016 年电信普遍服务两批试点进展情况，分析研判了 2017 年试点工作面临的形势和任务，并对 2017 年试点工作提出了“全部申报、全部完成”的总体目标。会议还就提升宽带普及率工作进行了部署[2]。2017 年工信部开展的主要工作包括：一是针对部分试点地区偏远、施工建设难度大和企业参与积极性不高等问题，加强沟通协调，争取地方支持，推进电信普遍服务。二是组织召开省通信管理局和基础电信企业集团参加的工作推进会，指导地方申报工作，并开展试点地市遴选，批复各省试点地市名单。三是超额完成 2017 年《政府工作报告》提出的“3 万个行政村通光纤”任务，22 个省份提前实现 2020 年贫困村宽带普及率超过 90% 的目标，行政村通宽带比例超过 96%，农村 20M 以上宽带接入端口占比达 51%，达到与城市相当水平，农村地区宽带网络能力和覆盖水平显著提升。[3]

电信普遍服务试点使我国农村和偏远地区网络条件得到了极大的改善。

---

① 国务院：《关于深化“互联网 + 先进制造业”发展工业互联网的指导意见》，2017 年 11 月 27 日，http：//www. miit. gov. cn/n1146290/n4388791/c5930249/content. html。

② 信息通信发展司：《通信发展司组织召开 2017 年电信普遍服务试点工作部署会》，2017 年 4 月 1 日，http：//www. miit. gov. cn/n1146290/n1146402/n1146440/c5561138/content. html。

③ 闻库：《深入推进网络强国建设 推动信息通信业持续健康发展》，2017 年 12 月 25 日，http：//www. miit. gov. cn/n973401/n5977672/n5977743/c5982435/content. html。

自2015年实施电信普遍服务补偿机制以来，到2017年10月，工信部联合财政部对电信普遍服务试点投资达到400多亿元，实现了13万个行政村通光纤，其中有4.3万个属于建档立卡贫困村。目前我国行政村通宽带的比例已经超过了96%①。如黔东南州作为第一批试点地市，中央财政投入资金9000万元，带动企业投资2.1亿元，在1476个行政村实施光纤网络通达建设。2017年该项目已经全部竣工，实现了全州行政村光纤网络全覆盖，且满足20M以上接入需求。

下一步，工信部会继续加大工作力度，加大投入，深入推进农村偏远地区宽带网络建设。主要包括：一是组织协调基础电信企业和地方加快电信普遍服务试点项目建设，保证按质完成13万个行政村通光纤任务，争取提前实现《“十三五”规划纲》要提出的98%行政村通光纤、宽带网络覆盖90%以上贫困村的建设目标。推动电信运营商加快在农村和边远地区部署4G网络。二是在政府方层面，联合有关部门共同探索建立电信普遍服务长效机制，大力支持农村及边远地区宽带网络建设。三是继续引导基础电信企业进一步提速降费，面向贫困地区和贫困群众推出专属的优惠资费，积极配合有关部门推出多样化的宽带网络应用普及，推动优质公共资源逐步向乡村延伸，促进城乡基本公共服务均等化，为决胜全面小康提供坚实的网络支撑。②

第五节　IPv6规模部署加快推进

我国IPv6地址分配数已位居全球第二。根据中国互联网络信息中心（CNNIC）发布的《2017 IPv6地址资源分配及应用情况报告》，截至2017年12月31日，我国IPv6地址分配总数为23430块（/32），全球排名居第二位。我国进入IPv6领域较早，一些科研机构、高等院校和企业参与了IPv6技术研究和国际标准制订，网络设备厂商的主流产品都已支持IPv6协议，三大电信

① 国务院新闻办公室：《国新办举行前三季度工业通信业发展情况发布会》，2017年10月27日，http：//www.miit.gov.cn/n1278117/n4310819/n4310832/c5882939/content.html。

② 国务院新闻办公室：《国新办举行前三季度工业通信业发展情况发布会》，2017年10月27日，http：//www.miit.gov.cn/n1278117/n4310819/n4310832/c5882939/content.html。

运营商的骨干网也已具备支持 IPv6 的能力。

2017 年工信部联合相关部委牵头成立推进 IPv6 规模部署行动计划部际协调工作组和专家组，编制出台《推进互联网协议第六版（IPv6）规模部署行动计划》①。2017 年 11 月，中共中央、办公厅、国务院办公厅印发《推进互联网协议第六版（IPv6）规模部署行动计划》②。《行动计划》指出，我国在技术研发、网络建设、应用创新方面取得了重要阶段性成果，已具备大规模部署的基础和条件。《行动计划》提出用 5—10 年，形成下一代互联网自主技术体系和产业生态，建成全球最大规模的 IPv6 商业应用网络，实现下一代互联网在经济社会各领域深度融合应用，成为全球下一代互联网发展重要主导力量。为此，《行动计划》提出了五项重点任务及四点保障措施。

三大运营商加快 IPv6 规模部署，推进 IPv6 产业发展。中国移动很早就开展了 IPv6 研发和商用实验，已实现 IPv6 规模商用。VoLTE 用户超过了 2 亿户，全球规模最大，都依赖 IPv6 支持。骨干网已全部完成 IPv6 的升级改造，全国已完成 67 个 IDC 的 IPv6 改造。已在上海浦东国际出入口开通 IPv6 链路，完成北京、上海、广州、郑州和成都的互联网骨干直连点 IPv6 改造。中国电信 4GLTE 活跃用户已达 1100 万以上，并已开通国际出口，IPv6 终端可实现国际、国内 IPv6 内容和应用访问。2017 年，中国电信主要把重点放在支持政府网站、央企、央媒、互联网应用等的 IPv6 改造上。中国联通的 IPv6 推进目标主要是实现城域网、骨干网、传送网、国际互联网等基础设施全面支持 IPv6，实现骨干网/国际 IPv6 互联互通，业务/网络支撑系统、总部大数据平台、新增核心数据中心内系统支持 IPv6，着重在顶层设计中做好 IPv6 的引入，并拓展 IPv6 应用领域。

---

① 闻库：《深入推进网络强国建设 推动信息通信业持续健康发展》，2017 年 12 月 25 日，http：//www. miit. gov. cn/n973401/n5977672/n5977743/c5982435/content. html。

② 中共中央办公厅、国务院办公厅：《推进互联网协议第六版（IPv6）规模部署行动计划》，2017 年 11 月 26 日，http：//www. gov. cn/zhengce/2017 - 11/26/content_ 5242389. htm。

第六节 新一代信息基础设施建设工程持续实施

国家发展改革委每年都组织实施新一代信息基础设施建设工程。2016 年 12 月，国家发展改革委发布的《关于请组织实施 2017 年新一代信息基础设施建设工程和“互联网 +”重大工程的通知》（发改办高技〔2016〕2710 号）明确了 2017 年新一代信息基础设施建设工程的支持重点，主要包括：1. “百兆乡村”示范工程；2. 农村宽带覆盖新技术应用示范工程；3. “宽带乡村”配套支撑工程。[①] 2017 年 2 月 27 日，国家发展改革委高技术司发布通知，公示了新一代信息基础设施建设工程拟支持项目名单。中国电信、中国移动等电信运营商和河北、吉林、四川等省发改委等 11 家单位参与承担了示范工程、支撑工程项目。

表 7－1 2017 年新一代信息基础设施拟支持项目名单

项目编号	主管部门	项目名称
1	中国电信集团公司	中国电信股份有限公司云南分公司农村宽带覆盖新技术应用示范工程
2	中国电信集团公司	中国电信股份有限公司新疆分公司农村宽带覆盖新技术应用示范工程
3	中国电信集团公司	中国电信股份有限公司重庆分公司“宽带乡村”配套支撑工程
4	中国电信集团公司	中国电信股份有限公司浙江分公司“百兆乡村”示范工程
5	中国电信集团公司	中国电信集团公司西藏网络资产分公司农村宽带覆盖新技术应用示范工程
6	中国电信集团公司	中国电信股份有限公司云南分公司“宽带乡村”配套支撑工程
7	中国移动通信集团公司	中国移动通信集团黑龙江有限公司家庭宽带接入九期二阶段、十期工程暨黑龙江移动“百兆乡村”示范工程

① 国家发展改革委高技术司：《2017 年新一代信息基础设施建设工程和“互联网 +”重大工程拟支持项目名单公示》，2017 年 2 月 24 日，http：//www. ndrc. gov. cn/gzdt/201702/t20170224_839204. html。

续表

项目编号	主管部门	项目名称
8	中国移动通信集团公司	中国移动通信集团海南有限公司农村宽带覆盖新技术应用示范工程
9	河北省发改委	河北广电信息网络集团股份有限公司“百兆乡村”示范工程
10	吉林省发改委	吉视传媒股份有限公司吉林省农村光纤入户建设工程—国家“百兆乡村”示范工程
11	四川省发改委	四川省有线广播电视网络股份有限公司“宽带乡村”配套支撑工程

2017年11月21日，国家发展改革委办公厅发布《关于组织实施2018年新一代信息基础设施建设工程的通知》（发改办高技〔2017〕1891号）。2018年，国家发展改革委将继续组织实施新一代信息基础设施建设工程。本次建设工程的支持重点包括：1.“百兆乡村”示范及配套支撑工程；2.5G规模组网建设及应用示范工程；3.国家广域量子保密通信骨干网络建设一期工程。2018年2月23日，国家发展改革委公布了2018年新一代信息基础设施建设工程拟支持项目名单。除中国电信、中国移动、中国联通等电信运营商参与承担工程项目外，新进的国科量子、陕西广电等公司也分别参与承担了广域量子保密通信骨干网络和“百兆乡村工程项目”。

表7-2　2018年新一代信息基础设施建设工程拟支持项目名单

序号	项目名称
1	中国电信股份有限公司贵州分公司“百兆乡村”示范及配套支撑工程
2	中国移动通信集团湖南有线公司“百兆乡村”示范及配套支撑工程
3	中国电信股份有限公司广西分公司“百兆乡村”示范及配套支撑工程
4	陕西广电网络传媒（集团）股份有限公司“百兆乡村”示范及配套支撑工程
5	中国电信股份有限公司5G规模组网建设及应用示范工程
6	中国移动通信有限公司5G规模组网建设及应用示范工程
7	中国联合网络通信有限公司5G规模组网建设及应用示范工程
8	国科量子通信网络有限公司国家广域量子保密通信骨干网络建设工程

第八章　2017年中国数字经济发展情况

第一节　中国数字经济发展势头迅猛

近年来，科技与信息技术的发展使人们的工作和生活发生了巨大的变化，主要表现在沟通交流以及交通出行便捷化等方面。数字经济是信息化时代提出的新概念，同时也是当前经济的重要发展趋势。在互联网基本全面普及的今天，以网络为基础的数字经济发挥着越来越重要的作用，发展数字经济已经成为各个国家政府的重要任务。进入21世纪以来，科技的发展使创新的重要性越发凸显，我国政府明确提出要积极贯彻落实创新驱动发展战略，各级政府应根据当地的实际情况制定相应的政策，促进信息技术的融合以及新兴产业的发展，为我国经济发展注入新的生机与活力。

以习近平同志为核心的党中央十分重视数字经济的发展，党中央和国务院颁布了一系列重大战略、计划和措施，如网络强国、宽带中国、“互联网+”行动、促进大数据发展行动纲要、人工智能发展规划等。各地方政府和部门深入实施了创新发展战略，积极推进大众创业万众创新，不断拓展经济发展新空间。数字经济正进入快速发展的新阶段，规模不断扩大。新技术、新工业、新形式、新模式层出不穷，为经济发展注入了新的动力，成为带动经济增长的新引擎。

2017年3月，十二届全国人大五次会议指出：“推动‘互联网+’深入发展、促进数字经济加快成长，让企业广泛受益、群众普遍受惠。”这是数字经济首次被写入《政府工作报告》，对中国经济未来的发展方向具有重大影响。2017年10月，党的十九大对数字经济发展给予肯定并强调，明确指出发展数字经济是我党的重要任务，必须意识到信息技术对经济发展的重要意义，积极促进信息技术与实体经济的融合，鼓励研究人工智能以及大数据在各个行业的应用，将供应链管理、共享经济等作为发展数字经济的着手点，为经济发展注入新的动力，为建设数字中国提供有力支撑，进一步明确了发展数字经济的方向和重点。

根据国家互联网信息办公室4月发布的《数字中国建设发展报告（2017年）》，2017年我国数字经济总量达到27.2万亿元，同比名义增长超过20.3%，显著高于当年GDP增速，占GDP比重达到32.9%，同比提升2.6个百分点。数字经济已成为近年来带动经济增长的核心动力，2017年我国数字经济对GDP的贡献为55%，数字经济在国民经济发展中的地位不断提升。此外，2017年我国“互联网+”战略的深入推进，加速新技术、新模式、新业态的涌现，分享经济蓬勃发展，网络零售、移动支付交易规模位居全球第一，数字经济规模达到全球第二。①

此外，中国信息化百人会2018年3月发布的《2017中国数字经济发展报告》指出，2017年我国面向制造业的数字经济迅速发展，数字经济在各重点行业的研发、制造、产业链等方面均呈现出不同发展特征，发展路径选择与行业自身特色紧密相关。其中，装备行业的数字经济发展总量规模最大，主要以数字化研发工具的创新应用为突破口，是各行业中数字经济发展最具潜力的领域。以石化行业为代表的原材料行业以强化制造环节的智能化水平为重点发展方向，在生产设备数字化率、数字化生产设备联网率和智能制造就绪率方面处于各行业的领先水平。食品、医药、石化、汽车等行业的产业链协同水平较高，但从整体上来看，并未形成较为显著的行业特征（见图8－1）。②

① 《数字中国建设发展报告（2017年）》，2018年4月23日，见 http：//www. sohu. com/a/229136136_ 99983415。

② 《2017中国数字经济发展报告》，2018年3月27日，见 https：//www. sohu. com/a/226524640_ 640189。

水平高 ▬ 水平低

		数字化研发设计工具普及率	生产设备数字化率	数字化生产设备联网率	智能制造就绪率	实现产业链协同的企业比例
装备行业	机械	77.3%	38.7%	29.7%	2.8%	5.5%
	汽车	83.5%	47.5%	—	9.2%	6.9%
原材料行业	建材	50.0%	44.1%	39.2%	4.3%	5.9%
	钢铁	47.6%	47.7%	—	5.5%	3.3%
	石化	55.5%	53.7%	52.8%	7.4%	8.2%
消费品行业	轻工	61.2%	39.7%	32.1%	4.4%	5.8%
	食品	48.5%	43.9%	37.5%	5.1%	9.2%
	纺织	59.2%	45.6%	37.4%	5.7%	5.7%
	医药	55.3%	46.5%	35.5%	5.9%	9.1%

图 8－1　2017 年重点行业数字经济发展全景图

资料来源：中国信息化百人会：《2017 中国数字经济发展报告》，2018 年 3 月。

第二节　沿海省份领跑我国数字经济发展

根据赛迪研究院《2018 中国数字经济指数白皮书》，东部沿海地区在承接国际电子信息相关产业转移、吸引全球高端人才、丰富技术链接方面具有绝对优势，加之传统产业的良好基础，2017 年，广东、江苏、浙江、山东四省在推动两化融合、发展“互联网＋”的产业深化改革过程中各项优势明显，引领数字经济发展大潮。

一、广东省位列中国数字经济综合发展指数排名之首

1. 基础领域方面，广东以电子信息制造业、软件和信息技术服务业为核心的数字经济基础部分，规模多年位居全国第一，为数字经济发展奠定了坚实的基础。2017 年电子信息制造业产值 3.6 万亿元，同比增长 12.8%；软件和信息技术服务业业务收入 9318 亿元，同比增长 14.2%，总量均位居全国第一。

2. 资源领域方面，广东省大数据产业初步形成“一区两核三带”的总体

布局，呈现“广深引领发展、珠三角加快发展、粤东西北起步发展”的态势。全省布局建设了广州、佛山、中山、东莞等15个初具规模的省级大数据产业园，入驻大数据企业达588家，在建重大项目78个，产业总产值约占全国四分之一。

3. 技术领域方面，广东省是国家科技产业创新的重要基地，拥有3.3万余家高新技术企业。2017年申请专利62.8万件，专利授权33.3万件，申请和授权量均居全国首位；PCT国际专利申请量2.68万件，同比增长13.81%，占全国总量的56.49%，连续16年居全国首位。

4. 融合领域方面，广东省先进制造业发展迅速，工业创新成效显著，两化融合水平位居全国前列。2017年，广东省建成2个国家产业技术基础公共服务平台、1家国家级制造业创新中心、92家国家企业技术中心，并举办首届工业互联网大会，推动超过8000家规上工业企业开展技术改造。

5. 服务领域方面，广东省在教育、娱乐、餐饮、旅游等行业数字化水平较高，催生网络购物、移动支付、共享经济等数字经济新模式蓬勃发展。2016年，广东省电子商务交易总额高达4.35万亿元，同比增长25.2%，总量居全国第一，省内国家级电子商务示范城市、示范园区和示范企业数量位居全国首位。

二、江苏省位列中国数字经济综合发展指数排名第二

2017年，江苏省经济保持中高速增长、产业迈向中高端水平，形成了以高新技术产业为主导、服务经济为主体、先进制造业为支撑的现代产业体系。江苏省积极推进新一代信息技术与制造业的融合发展，移动互联网、云计算、大数据等新一代信息技术相关产业发展迅速，同时，互联网的普及推动了电子商务、供应链管理等迅速发展。从江苏数字经济指数来看，其数字经济技术领域与融合领域发展情况较好，资源与服务领域数字经济发展水平仍有待提升。

具体来看，一是江苏省两个相关产业的收入都位居我国第二，其中软件与信息服务业的收入超过9000亿元人民币，电子信息制造业的收入超过3.2万亿元人民币。二是江苏省有超过300家电商平台，九成以上的大中型企业

都在其日常管理和经营活动中引入了信息技术。三是江苏省的网络销售规模增长迅速，居全国前列，如互联网销售金额超过3400亿元人民币，信息消费规模超过2000亿元人民币，等等。四是江苏省拥有100多家规模过亿的大数据企业，数字经济产业发展迅速。五是江苏省拥有2000多家互联网企业，云计算、大数据等新业态新模式层出不穷。

此外，江苏从基础设施建设、信息化发展、相关产业发展规划等多个角度出台相关政策支持数字经济发展，如2017年4月出台的《关于贯彻落实国家信息化发展战略纲要的实施意见》、2017年12月出台的《关于江苏省深入推进信息化和工业化融合管理体系的实施意见》和《切实加快信息基础设施建设若干政策措施的通知》。江苏省数字经济龙头企业主要以制造业企业为主，拥有259家两化融合管理体系贯标试点企业，云计算、大数据、互联网、物联网等相关产业虽然发展速度较快，但是企业规模相对较小，缺乏龙头企业。

三、浙江省位列中国数字经济综合发展指数排名第三

浙江省是电子信息、互联网发展大省，随着大数据、云计算等新一代信息技术的飞速发展，技术领域在浙江数字经济发展中的地位越发重要，在新一轮科技革命和产业变革趋势中，浙江充分发挥自身电子商务、大数据、物联网等产业优势，通过产业深度融合，同时借助阿里巴巴、网易、海康威视等企业的飞速发展，全面推动数字经济强省建设。

2017年浙江省经济运行稳步提升，大体上各项经济指标呈现上升趋势，GDP较上年增长7.8%，三产中服务业增长较快，民生保障进一步加强，居民收入稳步提高，整体上形成结构优化、质量提升的良好局面。2017年浙江移动互联网用户达到7456万户，浙江省互联网产业发展居于全国领先地位。其中以电子商务产业发展尤为显著，浙江拥有4400多个实体商品交易市场和全国最大的B2B、B2C、C2C交易平台，2017年浙江省网络零售额达到13336.7亿元。同时，在“2017年中国互联网企业100强”中，阿里巴巴、顺网科技、泰一指尚等8家浙江企业入围榜单。

浙江省云集了阿里巴巴、网易、海康威视、华三通信等行业龙头企业，

形成了“阿里云”，拥有以华数为代表的云服务基础设施提供商、以华三为代表的云服务提供商，海量的云应用企业构建了较为完整的大数据产业链。目前，浙江省已经形成集研发制造、系统集成、示范应用、标准推广于一体的产业体系，拥有大华股份、宇视科技、浙大网新、华立集团等龙头企业，预计2020年物联网产业主营业务收入有望突破5000亿元。

此外，一方面，浙江依托华为、海康威视等龙头企业，鼓励互联网企业运用大数据技术建立市场化第三方信用信息服务平台，搭建公共安全体系，推动公共信用数据与互联网、移动互联网、电子商务等数据整合，以大数据产业为切入点全面推动数字经济发展。另一方面，浙江省通过杭州城西科创大走廊、杭州国家自主创新示范区、云栖小镇等创新载体的建设，打造创新创业生态系统，以良好的创新环境助推数字经济发展，同时以数字经济的发展带动“双创”建设。

第三节　数字产业化与产业数字化进程加快

2017年，我国经济加速向以新一代信息技术产业为重要内容的数字经济活动转变。国务院先后出台了一系列助推数字经济发展的相关文件，如《关于进一步扩大和升级信息消费持续释放内需潜力的指导意见》《国务院关于印发新一代人工智能发展规划的通知》《关于深化“互联网+先进制造业”发展工业互联网的指导意见》等。各地方政府、企业、相关社团群体积极响应、相互协作，加速推进数字产业化与产业数字化发展。

《数字中国建设发展报告（2017年）》指出，数字产业化方面，通信业以及信息服务业等新兴产业发展迅猛，我国移动支付、信息消费以及软件业务的规模增长迅速。具体来看，2017年，我国国内的移动支付总金额达到200万亿元人民币，是世界移动支付规模最大的国家；2017年，国内信息消费达到4.5万亿元人民币，增长速度为最终消费的两倍；2017年我国软件业务的规模达到5.5万亿元人民币，比上年增加近14%。除此之外，我国在无人机、机器人以及智能电视等信息产业方面也取得了很大的进步。其中，在无人机方面，我国2017年生产了超过290万架民用无人机，是2016年产量的1.6

倍；在机器人方面，我国2017年生产了超过13万台工业机器人，是2016年产量的1.8倍；在智能电视方面，我国2017年生产了接近1亿台智能电视，比2016年的产量有所增加。总体而言，2017年，互联网、大数据、人工智能等新技术的应用成为推动我国的工业生产进步、生产效率显著提升的重要因素。调查显示，我国在2017年的网络消费规模已经超过7.1万亿元人民币，是2016年网络消费规模的1.3倍，世界排名前二十的互联网企业中有三家是中国企业，可见我国互联网技术的发展之快。此外，随着新一代信息技术在工业领域的广泛应用，我国工业生产的智能化水平显著提升，关键工序数控化率已经达到46.4%。

产业数字化方面，信息化成为推动经济发展质量变革、效率变革、动力变革，提高全要素生产率的重要动力引擎。随着《关于深化制造业与互联网融合发展的指导意见》《关于深化“互联网+先进制造业”发展工业互联网的指导意见》的深入实施，推动制造业与互联网深度融合发展，软件定义、数据驱动、平台支撑、服务增值、智能主导的产业数字化转型逐渐加快。两化融合发展水平从2016年的50.7提高到2017年的51.8，规模以上工业企业数字化研发设计工具普及率达到63.3%，关键工序数控化率达到46.4%。工业互联网快速发展，形成了一批面向高铁、风电等复杂产品的新型工业APP并初步实现商业化应用。智能制造深入实施，目前我国已开展428个智能制造项目，创新驱动不断增强，已在全国分两批建设了120个“双创”示范基地，制造业骨干企业“双创”平台普及率达到70%，网络化协同制造、个性化定制、服务型制造等新模式新业态不断涌现。农业农村信息化步伐明显加快，全面实施信息进村入户工程，在10省市开展信息进村入户整省推进示范，全国共建成运行益农信息社16.9万个，开展便民服务2.33亿人次。打造了一批数字农业试点示范，不断提高农业生产智能化、经营网络化、服务在线化水平。2017年，我国网络零售额达71751亿元人民币，同比增长32.2%，跨境电子商务同比增长超过30%。农村电商发展势头迅猛，全国农村实现网络零售额1.24万亿元人民币，同比增长39.1%。2017年共享经济市场交易额约4.9万亿元，比上年增长47.2%。加快推进“互联网+便捷交通”，发展智能交通，便捷旅客出行。我国目前已经建设完善国家交通运输物流公共信息平台，推动物流信息共享，促进物流降本增效。2017年全国快递业务量累计完成400.6亿件，同比增长28%，规模连续4年稳居世界第一。①

第四节　制造业“双创”成为数字经济发展的重要抓手

大众创业、万众创新是小企业兴业之策，也是大企业昌盛之道。制造业是实体经济的主体，也是“双创”的主战场。加速制造业“双创”发展，是推动数字经济发展的重要举措，是加快制造业新旧动能转换的重要动力。2017年，我国制造业“双创”平台建设步伐加快，制造业“双创”初步形成横向联动、纵向贯通、多方协同的政策体系，制造业重点行业骨干企业“双创”平台普及率超过60%，“双创”推动企业业务创新、提升区域产业能级等方面的作用日益凸显。同时，制造业“双创”的研发设计能力、制造能力、孵化能力开放成为“双创”平台建设的主旋律，研发设计加速向协同化、动态化和众创化转变，工业生产加速向智能化、柔性化和服务化转变，“平台+基地”助力地方“双创”特色化发展，融合协同共享的“双创”新生态初步形成，成为推动数字经济发展的重要力量。

一是在制造业“双创”平台试点示范项目的引领带动下，各类行业企业聚焦要素汇聚、能力开放、模式创新、区域合作等四个领域，加速推进“双创”平台建设，夯实数字经济发展基础。中国铝业、河南众品等企业积极建设面向企业内部和产业链上下游的“双创”要素汇聚平台，促进面向生产制造全过程、全产业链、产品全生命周期的信息交互和集成协作。首钢集团、TCL集团等企业以促进全社会研发、生产、孵化等制造资源和能力开放的在线化、市场化为重点，集中打造提升大企业创新创业要素和能力、中小微企业需求精准对接的“双创”平台。美的集团、徐工集团等企业依托“双创”平台建设，推动研发主体从研发部门向跨部门、跨企业转变，研发流程从串行向并行转变，注重工业生产向智能化、柔性化和服务化转型。猪八戒网络、

① 《数字中国建设发展报告（2017年）》，2018年4月23日，见http://www.sohu.com/a/229136136_99983415。

华立集团等企业与地方加强合作，推动“双创”平台在产业集聚区落地，带动园区经济快速发展。截至目前，制造重点行业骨干企业“双创”平台普及率达71.5%，中央企业建成各类互联网“双创”平台121个，为超过200万中小微企业提供创新创业服务。“双创”平台正成为技术联合攻关和人才培养的高地、资源协同与供需对接的核心载体。

二是越来越多的公司意识到“双创”建设对其经营与发展的重要推动作用，积极采取各种方法推动“双创”平台的建设，通过提高企业生产技术、设计水平以及智能化水平促进其创业能力的提升，基于数据驱动、供需高效匹配的共享型制造模式正在形成。部分公司从云平台、大数据等信息技术入手，对现有的研发技术进行改进和优化。比如已经完成仿真设计服务的太极公司以及已经建立智能管理系统的沈阳机床等。目前沈阳机床正在江苏、湖北、浙江、安徽等地布局5D智造谷，并将在2018年下半年于河南新乡、山东淄博正式落厂。一些企业注重创业孵化能力的开放，如TCL集团通过孵化能力开放平台，为入驻创业团队以及高端创客提供完善的投融资、资源对接、技术支撑、创业培训、品牌推广等服务，目前已有120余个优质创业项目入孵，项目估值平均增长3.5倍，13个入孵项目企业内部达成了产业协同。

三是“双创”建设使企业的创业孵化能力显著提升，使企业在设计、工业生产和商业模式实现全方位创新，汇聚成为数字经济发展新动能。如河南省的大信整体厨房科贸公司借助“双创”平台的推动作用使企业的生产规模大幅提升，从而带动了当地1000多家大中型企业的发展。由此可见，“双创”平台建设有利于提高企业的生产效率，推动其标准化和规模化进程。此外，“双创”平台建设对企业的研发工作也有一定的促进作用，因为企业可以利用平台了解网络创新的模式，使企业可以迅速获取内部或者外部的创新资源，能够在一定程度上鼓励企业对现有的销售方案、生产流程以及制造技术进行改进和创新。如万向公司以云平台为基础，借助众创众包的研发设计模式建立了Romax平台，实现了协同研发体系的社会化。

四是在中国制造企业“双创”发展联盟等一批创新战略联盟的大力推动下，开发者大赛、“双创”成果展、“双创”宣传行等活动蓬勃展开、成果丰硕，初步构建起多方参与、高效协同、合作共赢的产业生态，进而推动数字经济发展。首先，举办了工业互联网“双创”开发者大赛，加快开发者社区建设，从资金、技术、培训等多个维度，鼓励中小微企业和创客基于平台开发工业 APP，为海量开发者提供全方位的创新创业支持。其次，中国制造企业“双创”发展联盟等一批创新战略联盟整合各方资源，在制造业“双创”领域技术研发、标准制定、应用推广等方面发挥桥梁纽带作用。最后，举办了“双创”成果展和现场会，促进制造业“双创”成果交流，行业内“讲融合、抓融合、促融合”的工作氛围逐步浓厚。

第五节　数字经济推动企业组织模式深刻变革

互联网、大数据、人工智能等新一代信息技术的快速融合渗透，正推动人类社会迈入以万物互联、软件定义、数据驱动、智能主导为典型特征的数字经济时代，信息交互、资源配置、市场交易等方式正发生根本性变革，企业内外部环境变化正推动企业组织模式深刻变革。从企业组织的构成形态、管理机制、运行方式等不同角度观察，越来越多的企业呈现出网络化、扁平化、柔性化等基本特征。

一、结构形态：向边界无限延展的网络化转变

互联网等新一代信息技术实现了信息的快速和发散传递，企业开始构建以协作关系为基础的组织模式，将严密的传统组织拆解为分工更加细化的独立个体（小型团队乃至个人），根据目标和任务，个体之间随时建立协作关系，任务完成便解除关系，随后根据下一项任务所需重新组合。这种方式使得新时期企业具备了自适应、自学习、自组织等特点，同时，通过新一代信息技术的广泛融合应用，网络化组织催生出互联网平台这一典型形态，其开放、共享、协同、无边界的特征，使得企业不断突破地域、领域、技术的界限，让技术、资金、人才等创新要素的汇聚更加迅速和便捷，企业组织模式正从单个企业向跨领域多主体的协同创新网络转变。一方面，企业产品及服务的研发生产资源逐渐向平台迁移，互联网平台突破了物理空间的限制，让企业的设计开发、生产制造等优势资源在虚拟空间得到充分整合与共享，同

时消除了各部门之间的信息壁垒，打通了产学研用的合作通道，形成跨领域、跨部门的网络化协同创新模式。另一方面，劳动者在实际生产服务中的合作逐渐向网络化合作转变，众多分散的生产者和消费者能够通过互联网随时随地聚集在虚拟的网络平台上，共同参与产品研发生产和销售服务的互动交流，这种方式使得企业边界无限延展，有效激发了社会的创造潜力，也因为消费者的参与让市场的个性化需求得以实现。如海尔“人单合一”组织模式，众多分散的生产者和消费者聚集在海尔搭建的网络平台，共同参与产品研发、生产和销售服务，个体的创造潜力得到充分发挥。

二、管理机制：向层级缩减的扁平化转变

为应对快速变化的市场环境，企业开始依托互联网等信息技术不断增强内外的信息交流与沟通，并从企业的管理结构入手，通过裁员、加大管理力度以及简化管理层级等方式推动企业管理结构向扁平化发展。这种组织打破了传统的专业分工，根据任务需求形成以团队或个体自由组合的结构，成员能够拥有更多的权力进行自主决策甚至自我管理，进而使组织变得更加灵活、敏捷、富有创造性。分开来看，一是扁平化组织模式拓宽了企业领导层的管理范围，逐渐缩短了企业最高决策层到一线员工之间的距离，在很大程度上精简了管理流程，增强了企业各层次之间的沟通，加快了企业内部信息的传递速度，从而有效提高了企业对市场需求的反应速度。二是由于互联网、大数据、云计算等新一代互联网技术的应用，促进了工作人员的沟通和交流，使工作效率显著提升，导致部分工作人员无事可做，进而通过裁减冗员有效降低企业的运营成本，以及应用新技术全面提高企业的运行效率。三是扁平化组织模式使企业对权力进行再次分配，中下层管理人员甚至普通员工在一定程度上可以参与决策，有效促进了员工之间的沟通协作，激发了员工的工作热情和创新潜力，进而不断增强企业凝聚力和发展动力。如小米“极致扁平”组织模式，通过简化管理层次，增加管理幅度与分权，为个体赋能，让个体拥有更多的主导权。

三、运行方式：向高效灵活的柔性化转变

在数字经济时代，很多传统企业存在着效率低下，无法适应快速变化的

市场需求等情况，这要求企业应构建快速响应、精准管理、灵活制造、高效服务的新型组织模式，因此破除刚性组织模式的柔性化组织被赋予更多时代意义。一方面，企业通过实施柔性生产服务，深入变革传统的标准化、大批量生产方式，以满足消费者多样化、个性化需求为中心，向多品种、小批量、按需定制转变。柔性生产以其快速敏捷、产品种类丰富多样等优势逐渐被企业所采纳，而且还能在保证正常生产计划的情况下，插入紧急制造任务，缩短产品生产周期，提高设备利用率和员工劳动生产率，并改善产品质量。另一方面，与柔性生产服务相适应，企业在管理上同样实施柔性管理，以满足客户需求为导向，以“人性化”为中心，构建平等、开放、共享、协同、创新的企业发展战略、企业文化等，从而把组织的愿景转变为员工主动创新的自觉行动，提升其发展活力和市场竞争力。如华为“铁三角”组织模式，将企业从中央集权转变为小巧灵活的作战单元，让前方能听见枪炮声的人做决策，使得企业能够深入理解客户需求，有的放矢开展合作，充分赢得客户青睐。

未来，随着技术的不断发展演进，企业将向极大和极小两个方向发展。一方面，新一代信息技术能够精准、高效地将各项社会需求对接到相应的服务者，个体开始脱离或半脱离企业发展，如海尔的一线员工转变为创业者，出租车司机转变为滴滴司机，工厂工人去送快递和外卖，分工的极端细化正让人人成为“CEO”，企业开始向极小的个人演变，进而“消失”。另一方面，当网络发展到一定阶段，全社会的劳动者都将聚集在由网络构成的虚拟空间里，彼此间互联互通，按需自由组合，获取酬劳，形成企业组织模式变革的终极形态“网络化社会”，也就是“无企业形态”。

第九章　2017 年中国两化融合发展情况

第一节　我国两化融合度显著提升

2017 年，我国两化融合加速向全面普及、深度集成发展，成为制造业提质增效升级的重要力量。以互联网为代表的信息技术与生产制造全过程、产业链各环节和产品全生命周期全方位深层次融合，制造业数字化、网络化、智能化水平不断提高，企业研发、生产、管理和服务模式正在发生深刻变革；人工智能、区块链等新兴技术在制造业关键场景应用走向深化；智能工厂建设步伐加快，网络化协同制造、个性化定制、服务型制造等网络化生产新模式迅速在重点行业推广；制造业“双创”平台蓬勃发展，有力支撑大中小企业融合融通发展；一些有实力的大型企业纷纷抢先布局面向行业的工业互联网平台，平台成为制造业生态竞争新焦点。

根据中国电子信息产业发展研究院发布的《中国信息化与工业化融合发展水平评估报告》，我国两化融合总指数及各项分指数每年均有不同幅度增长。一是全国两化融合水平稳步提升。2016 年，全国两化融合发展总指数是 75.75，同比增长 4.22%。二是宽带基础设施建设成效明显。2016 年固定宽带端口平均速率指数、城（省）域网出口带宽和固定宽带普及率指数分别是 99.65、90.18 和 124.36，相比上年均有大幅增长，这主要是因为我国加快实施“宽带中国”专项行动，持续推进全光网城市建设，狠抓网络提速降费。三是区域间两化融合发展水平差距仍然较大。2016 年东部两化融合平均指数是 89.17，中部是 75.36，西部是 63.72，东中、中西、东西部差值分别扩大为 13.81、11.64 和 25.45，我国东中部两化融合发展水平差距继续扩大，西部省份两化融合发展水平普遍落后于东部省份 2011 年的水平。

第二节 制造业与互联网全面融合步伐加快

2017年，工信部立足制造业与互联网融合重点领域，以试点示范为抓手，开展部省协同合作，指导行业联盟建设，引导制造业与互联网融合向更高层次迈进。一方面，组织开展了制造业与互联网融合试点示范，围绕工业云平台试点示范、工业大数据服务平台试点示范、工业电子商务平台试点示范、信息物理系统（CPS）试点示范、行业系统解决方案试点示范等五大类别，遴选出70个制造业与互联网融合发展试点示范项目，大力培育可复制、可推广的制造业与互联网融合新业态和新模式；另一方面，与广东省签订合作框架协议，共同开展珠三角制造业与互联网融合发展示范城市带建设。同时，上海、陕西等地工业和信息化主管部门加紧推动出台具体的贯彻实施措施，探寻符合地方产业特色的融合发展新手段。此外，“中国制造企业双创发展联盟”“中国个性化定制联盟”和“网络化协同制造联盟”相继成立，汇聚了上千家企业和科研资源，为制造业与互联网融合全面发展提供有力支撑。

制造业与互联网企业跨界融合亮点频现。2017年，越来越多的制造企业、互联网企业、信息服务企业开展多种形式的跨界合作，积极推动制造业与互联网融合发展，引领融合发展生态体系良性建设。联想、戴尔先后和哈工大大数据集团签署战略合作协议，共同致力于大数据发展。百度分别与大陆集团、博世开展战略合作，发力自动驾驶、智能网联汽车和智能交通等领域。华为进一步扩大与库卡的合作，加强各自的领先技术和行业优势互补。宝信和阿里云达成合作，将在企业云、工业云领域探索全方位、多形式的合作模式和机制。此外，战略投资、建立经营共同体也成为制造企业植入互联网基因的重要手段，东方网力拟4.05亿元收购立芯科技，快速切入物联网领域，新时达拟4.05亿元收购之山智控，加快机器人与运动控制系统产业链布局。

第三节　制造业“双创”步入全面实施、百花齐放阶段

2017年，各级政府部门加强制造业“双创”发展的顶层指导和政策支持，“双创”发展环境持续优化。7月，国务院出台《关于强化实施创新驱动发展战略进一步推进大众创业万众创新深入发展的意见》，明确提出，“鼓励大型企业全面推进‘双创’，建设‘双创’服务平台与网络”。工业和信息化部组织开展了全国制造业“双创”电视电话会，提出要在机制、平台、新业态新模式、技术支撑等方面从更大范围、更高层次、更深程度推进制造业“双创”。8月，工业和信息化部发布《制造业“双创”平台培育三年行动计划》，进一步明确了“双创”平台发展思路，聚焦要素汇聚、能力开放、模式创新、区域合作等领域，为“双创”平台建设发展指明方向；开展了制造业“双创”平台试点示范，遴选了70家重点行业骨干企业试点示范项目，树立了一批行业特色鲜明、品牌影响力强、带动作用显著的行业实践典型。中国制造企业“双创”发展联盟3月成立，7月发布《制造业“双创”平台发展白皮书》，系统梳理了制造业“双创”平台的本质内涵、基本特征、体系架构、功能层次、运营模式和应用场景，绘制了制造业“双创”平台发展路线图。

在政府和企业的合力推动下，一批“双创”建设新模式层出不穷。广州科学城探索“产业链、创新链、资金链”三链融合模式，引导大企业自建众创孵化平台，努力实践以一家龙头企业带动一个行业的“1＋N”集群发展路径。郑州航空港以富士康工厂为核心，通过集群式引进，构建形成涵盖研发、检测、信息、融资等服务内容的“双创”平台体系。大中制造企业结合行业特点和业务需求，积极搭建各类“双创”平台，涌现出航天云网、中航工业、青岛海尔、中信重工等一批全球性、跨行业的开放式“双创”平台。同时，中央企业通过“双创”顶层设计和机制创新，积极打造各类创新创业平台、孵化器和产业园区，激发企业员工活力，营造互动共赢的“双创”生态圈，带动全社会创新创业。

第四节 高端智能装备制造自主创新取得重大突破

2017年，我国航空航天、数控机床、海洋工程等重大装备制造在自主研发、技术融合创新等方面取得标志性成果，大幅增强了我国高端装备制造的核心竞争力。国产C919大型客机的成功试飞，实现了我国大型客机制造发展史上零的突破。高精度数控齿轮磨床、多轴精密重型机床、数控冲压生产线等产品跻身世界先进行列，实现了航空航天、船舶、汽车、发电设备制造等领域的自主装备供给。由我国承建的深海半潜式智能养殖场“超级渔场”正式交付挪威用户，通过配备融合物联网、大数据等新兴技术实现监测、喂养、清洁全过程智能化作业，成为全球海上养殖产业发展的重要里程碑①。“墨子号”量子卫星在国际上率先成功实现千公里级星地双向量子纠缠分发。世界最大的散货船40万吨超大型矿砂船（VLOC）在青岛顺利出坞，标志中国在建造超大型船舶技术上再次突破②，在世界造船业内赢得了话语权。

政府部门重视对重大装备制造业的顶层指导和政策支持，重大装备制造业发展环境持续优化。工业和信息化部联合国家发展改革委、财政部、中国人民银行、银监会、国防科工局等5部委发布《船舶工业深化结构调整加快转型升级行动计划（2016—2020年）》，深化船舶工业结构调整，指导我国船舶工业健康发展。2017年11月，工业和信息化部联合国家发展改革委、科技部、财政部、中国人民银行、国资委、银监会和国家海洋局编制印发了《海洋工程装备制造业持续健康发展行动计划（2017—2020年）》，指导我国海洋工程装备制造业发展。2018年1月，国家标准委办公室、工业和信息化部联合组织开展了2018年国家高端装备制造业标准化试点，形成一批高端装备制造业标准化示范的典型企业和园区。

---

① 赛迪智库：《2017年下半年中国两化融合走势分析与判断》2017年6月。

② 赛迪智库：《2018年中国智能制造发展形势展望》2017年12月。

第五节　示范引领性智能工厂建设进展突出

智能制造的建设重点正在从网络化数字化改造的 1.0 阶段向智能化协同化的 2.0 阶段加速演进，生产方式变革成效初步显现。九江石化引进实时优化（RTO）系统，推动核磁共振分析仪在线改造、先进控制系统（APC）性能优化、实时优化模型开发和实时优化平台建设，促进了生产过程精细管理、动态优化、集约高效。海尔郑州空调互联工厂全面建成“装配智能机器人群”生产线，通过 RFID 识别、数据集成、模块设计等先进技术，提升产品与机器人、机器人与机器人之间的自组织、自交互、自适应能力，促进自动化生产、柔性生产、单元定制生产三种方式的兼容并行。①

自智能制造试点示范专项行动启动以来，智能制造推进体系基本形成，智能制造核心技术不断取得突破，一批智能制造装备研制成功。先后共遴选确定了 206 个智能制造试点示范项目，其中工业互联网创新应用项目 28 个，试点示范的行业和区域逐步扩大，目前已覆盖 30 个省（自治区、直辖市）82 个行业，② 在企业提质增效、降本减耗、提高核心竞争力等方面发挥了积极作用，有力支撑并推动了制造业转型升级。大族激光突破了三维五轴联动光纤激光切割机床，宁夏共享研制出大尺寸高效砂型 3D 打印机，秦川机床、苏州绿的突破了高精密 RV 减速器、谐波减速器等机器人关键零部件，青岛四方突破了高铁转向架智能化焊接及检测组装成套装备，埃夫特、奇瑞汽车合作研制的汽车焊接自动化生产线打破了国外长达 30 年的垄断。③

第六节　工业互联网平台建设热度高企

我国工业互联网平台发展方兴未艾，呈现空间布局相对集中的趋势，初

---

① 赛迪智库：《2017 年下半年中国两化融合走势分析与判断》2017 年 6 月。

② 工业和信息化部召开全国智能制造试点示范经验交流电视电话会议，2017 年 11 月。

③ 赛迪智库：《2018 年中国智能制造发展形势展望》，2017 年 12 月。

步形成以北京、南京、上海、杭州、苏州、济南、青岛、深圳等重点城市为核心的环渤海、长三角、珠三角三大区域集中发展的格局。这三大区域具有地方政府积性较高，先进制造业集聚区相对密集，制造业与互联网融合基础相对较好的特点。

2017 年，制造业领军企业、ICT 领先企业、互联网主导企业基于各自优势，抢先布局制造领域平台生态建设，成为制造业与互联网融合发展的重要支撑。一是以航天云网为代表的协同制造工业互联网平台，通过将设计、制造、服务等资源和知识封装固化为各类软件和服务，打造信息互通、资源共享、能力协同、开放合作的产业生态。目前，注册用户已突破 61 万家，开放 126 款大型高端工业软件、3000 余项设备设施及数万项技术标准、知识产权及专家库等资源。二是以树根互联为代表的产品全生命周期管理服务工业互联网平台，通过采用“微服务 + 开放接口”的 PaaS 平台架构，面向复杂产品全生命周期管理提供物联监控、设备共享、资产管理、智能维护、金融保险等服务，“根云”平台目前已接入近 30 万台各类机器设备，实时采集数千种参数，为十余家企业提供技术验证和示范性服务。三是以海尔为代表的用户定制化生产工业互联网平台，通过打通需求、设计、生产、配送、服务等各环节的数据流，构建需求实时响应、用户深度参与、全程实时可视、资源无缝对接的制造云化解决方案。目前，平台上聚集了上亿用户资源、280 万设计资源，为近百家公司提供创新设计服务。

第十章　2017 年中国电子政务发展情况

第一节　电子政务迈向整合协同、全局优化新阶段

2017 年，国家电子政务统筹协调机制全面理顺，电子政务各项任务分工进一步明确，基础设施、业务应用、政务服务等四梁八柱发展更加均衡，各部门电子政务均取得重要进展，部门之间、层级之间、地区之间协同更加紧密。统筹协调机制方面，中央网信办会同有关部门推动建立了国家电子政务重大事项会商机制、重大事项报告制度、专项督查和审计等 9 项制度。基础设施方面，国家电子政务外网覆盖率和承载能力得到极大提升，截至 2017 年底，政务外网省、地市、区县级政务外网纵向覆盖率分别达到 100%、96.6% 和 90.9%，接入 148 个中央部门、24.4 万个地方部门，共计 280 万台终端，承载全国性重要业务应用 50 多项，各级政务外网承载的地方政务部门业务应用总数超过 10000 项。

第二节　全国政务信息资源体系初具雏形

《政务信息资源共享管理暂行办法》印发后，国家发展改革委和国务院办公厅会同各部门加大《政务信息资源共享管理暂行办法》实施力度，各项工作稳步推进。一是政务外网的统一数据共享交换平台和全国政务信息共享网站初步建成。国家发展改革委牵头完成了国家政务信息共享交换平台（以下简称“国家共享平台”）的建设，全国 143 个地方、部门交换节点接入统一的国家共享平台，实现了 4 个领域 14 项跨部门、跨层级、跨地域应用，累计交

换数据162亿条，为十几项全国性、基础性的应用提供了数据交换服务。全国政务信息共享网站试运行版已经上线，初步联通了信用体系、公共资源交易等多个数据资源库，数据量超过8亿条。二是制定了《政务信息资源目录编制指南》（以下简称《目录指南》）。按照《政务信息资源共享管理暂行办法》和《国家电子政务总体方案》的部署，国家发改委与中央网信办联合印发《政务信息资源目录编制指南》，并组织公安部等12个部门、北京等14个省市开展了政务信息资源目录编制试点工作，在2017年5月召开的促进大数据发展部际联席会议第二次会议上，《目录指南》审议通过，成为国家共享平台信息资源目录编制的标准。三是政务信息系统的整合共享工作全面启动。2017年5月，国务院办公厅印发《国务院办公厅关于印发〈政务信息系统整合共享实施方案〉的通知》，按照统一工程规划、统一标准规范、统一备案管理、统一审计监督、统一评价体系的原则，部署了“十件大事”，推进政务信息系统整合共享工作，要求在2018年6月底前，国务院各部门整合后的政务信息系统接入国家数据共享交换平台，初步实现国务院部门和地方政府信息系统互联互通。各部门按照通知要求，积极推进整合共享工作，71个部门自查出4595个系统，共清理329个“僵尸系统”，并将1578个孤立分散的系统整合为318个。四是地方政务信息共享交换平台建设取得重要进展。上海、广东、陕西、四川、贵州、江苏、浙江、宁夏等27个省（自治区、直辖市）建成省级政务信息共享交换平台，并与国家共享平台实现对接，浙江等省通过国家共享平台开展跨地域信息共享，实现外省赴浙就读学生学籍转入时间由天缩短为秒，极大地方便了群众。以国家共享平台为核心枢纽，横向全面覆盖、纵向全面贯穿的全国一体政务信息资源体系基本形成。

第三节　“互联网+政务服务”向一体化、标准化方向发展

一体化的“互联网+政务服务”体系建设力度加大。国务院办公厅实施了“互联网+政务服务”试点工作，明确了北京市等18个地方部门开展“互联网+政务服务”试点示范；印发了《“互联网+政务服务”技术体系建设

指南》，加强“互联网＋政务服务”的技术和服务体系设计。北京、浙江、江苏、广东等多地建设了省（区、市）级一体化的政务服务平台。北京市建成“北京通”APP，用一个移动应用集成所有服务，并且允许各部门基于“北京通”APP开发和挂接服务，实现服务跟着群众跑。浙江省开展了“最多跑一次”改革，将全省各级政务部门的服务事项集中到统一的浙江政务服务网，推进全省一体的电子证照、办事信息共享，实现了全省政务服务的一网通办和多项民生服务事项的跑一次办理。江苏省依托全省统一的“江苏政务服务网”开展了不见面审批，通过统一的服务标准、统一的证照信息、统一的身份认证等“八统一”实现全省办事服务的标准化和集中化。国务院办公厅组织编制了《国家政务服务平台总体设计方案》，国家政务服务平台建设项目已经完成立项，平台建设工作全面展开。国家政务服务平台建成后，将与各省级政务服务平台连接，形成全国一体化的网上政务服务体系。

第四节　大数据应用成为政府增强管理和服务能力的重要支撑

《大数据行动纲要》发布以后，各级政府对大数据重要作用的认识进一步加深，积极建设大数据平台、开发大数据应用，利用大数据提高履职服务能力。自然资源部（原国土资源部）建立了全国国土资源“一张图”和综合信息监管体系，通过集成5大类20多个小类数据，用一张图展示全国国土资源数量、质量、分布、潜力、开发利用等情况，全国960万平方公里的陆地国土的状况一图全囊括。国家邮政局统筹建设“中国快递数字大脑”——邮政业大数据安全监管与公共服务平台，充分发挥大数据技术的优势，实现行业安全运行数据、监测预警、申诉、舆情、突发事件等海量数据的采集、存储、整合、分析与共享，并向企业和用户提供方便快捷的实名寄递服务，为监管部门的行业治理提供科学和精准的决策支持。市场监管总局（原工商总局）通过人口数据资源和企业法人数据资源的关联碰撞，发现企业实际控制人的关系，对企业关联交易、不正当市场行为进行精准识别和监控。多个地方在区域信息化建设、智慧城市建设中创新运用大数据，提高治理水平。杭州市与阿里巴巴等企业合作，建设了“城市数据大脑”，通过对交通数据的分析挖掘，实现对道路交通的智能疏导，试验区的车辆通行速度平均提升 5%，部分路段能提升 11% 以上。贵州省黔西南州依托大数据平台建设黔西南州扶贫攻坚作战指挥系统，打通扶贫与公安、民政、卫计、人社等 13 个部门的数据，实现对贫困户的精准识别、精准帮扶，对帮扶干部、扶贫资金、扶贫项目等实施精准管理，为精准扶贫和精准脱贫提供支撑。深圳、上海、苏州等地也将大数据平台、大数据应用建设纳入规划，通过大数据优化城市公共资源配置，提升城市治理水平，为城市居民提供便捷公共服务，提高城市宜居程度，促进可持续发展。

第五节　新技术在电子政务领域的应用取得初步进展

当前，人工智能、区块链等新技术快速发展，在各行各业创新应用不断。在电子政务领域，一些地方创新应用区块链技术解决共享协同中的难题，取得了重要经验。陕西省在推进政务信息共享时，针对部门间怕数据泄露不去共享、怕安全失控不能共享、怕失去掌控不愿共享的种种难题，通过区块链共识机制构建分布式体系，结合共识算法、沙盒等技术，提供“责权清晰，可信安全”的技术保障，做到“你的数，你做主，授权使用不带走”，使各部门数据在权属不变的前提下共识互信互享构建共识标准，促进数据融合，挖掘数据价值。南京市在跨区域电子证照共享中，运用区块链技术，让所有共享和使用的节点都参与数据记录和验证，区块链上的数据由所有政务节点共同维护，确保数据不被违规篡改，保护用户信息和隐私记录。根据信息资源的种类和各部门共享的需求，确定信息共享的方式，各部门按照标准规范访问和上传数据，实现各政府部门间的信息资源共享。

第十一章　2017年中国农业信息化发展情况

第一节　积极推进“互联网+”现代农业

国务院印发《关于积极推进“互联网+”行动的指导意见》，将“互联网+”现代农业作为11项重点任务之一进行部署。2016年5月，农业农村部会同国家发展改革委、中央网信办等8部门印发了《“互联网+”现代农业三年行动实施方案》，提出了11项主要任务，力争到2018年，农业在线化、数据化取得明显进展，管理高效化和服务便捷化基本实现，生产智能化和经营网络化迈上新台阶。9月，农业农村部印发《“十三五”全国农业农村信息化发展规划》，为推动信息技术与农业农村全面深度融合作出了顶层设计。

2017年11月9—12日，农业农村部与江苏省人民政府在江苏省苏州市共同主办了首届全国新农民新技术创业创新博览会。汪洋莅临博览会巡展，出席了全国新农民新技术创业创新大会并作重要讲话，并对博览会给予了高度评价，“展览好、发言也很好，希望越办越好”。博览会深入展示信息化时代背景下农村创业创新的最新实践成果，展示交流新技术新模式，研究探讨产业发展方向，凝聚众智众力，推动农业农村“双新双创”深入发展。据统计，本届博览会各类参展单位达到1038个、参展省份31个，共吸引56000余人次参观，汇聚了政府部门、科研院所、企业、新农民等各方面代表人士，签约和意向合同金额超过350亿元。博览会同期举办了全国新农民新技术创业创新大会、全国信息进村入户工程交流会、中国农村创业创新论坛、全国农民手机达人大赛、全国农村创业创新项目创意大赛（总决赛）等5场重大活动，农产品供应链管理高峰论坛、美丽乡村和农业特色互联网小镇高峰论坛等5场企业论坛和农业农村信息化成果发布、中国农业品牌创新联盟成立仪式等36场推介活动，博览会期间还专门举办了五省（区）特色农产品推介和产销对接活动。

第二节　推广农业物联网应用

农业物联网是当今世界农业发展的新潮流。积极推进农业物联网示范应用，对于加快转变农业发展方式、建设现代农业、推动“四化”同步发展具有重要意义。习近平总书记强调，要让物联网更好促进生产、走进生活、造福百姓。李克强总理指出，要大力发展战略性新兴产业，在集成电路、物联网、新一代移动通信、大数据等方面赶上和引领世界产业发展。国务院出台了一系列强有力的政策措施促进物联网发展，各有关部门也纷纷将物联网应用作为行业发展的重点工作加以支持，为农业物联网发展提供了难得的历史机遇和良好的发展环境。

农业农村部深入实施农业物联网区域试验工程，探索农业物联网发展路径和应用模式，为全国范围推广应用积累经验。继续支持天津、上海、安徽开展农业物联网区域试验工程，加强对北京、黑龙江农垦、江苏、内蒙古、新疆生产建设兵团等国家物联网应用示范工程实施的指导，2017 年新增吉林、江苏 2 个试点省，中央财政安排资金支持其开展农业物联网区域试验。4 月份组织召开农业物联网区域试验研讨会，总结农业物联网区域试验的工作进展和经验，研讨新增省份农业物联网区域试验方案，细化工作任务。进一步开展农业物联网标准研究工作，明确农业物联网标准工作的主要任务。12 月 11—12 日在江西抚州召开全国农业物联网工作会议，研究部署当前和今后一个时期的重点工作，会上集中推介了生猪、蟹、鸡、渔业养殖和叶菜、棉花、水稻、玉米种植物联网应用推广模式。

第三节　大力发展农业电子商务

农业农村部会同商务部发布了《关于深化农商协作大力发展农产品电子商务的通知》，以农产品电商出村工程为重点，探索农产品电商上行模式，推动农产品电商上行。在总结10省份试点经验基础上，进一步明确试点要求，继续支持10个省份重点在电商模式、标准体系、质量安全追溯等方面加强试点探索，积极协调推动相关部门和地方政府大力加强分拣包装、仓储加工、冷链物流等基础设施建设。在2017中国电子商务创新峰会上举办农业电子商务分论坛。在首届全国新农民新技术创业创新博览会上，组织电商企业展区，举办系列电商企业论坛。推动与京东电商平台开展农产品质量安全追溯体系建设合作，组织电商平台开展系列产销对接活动。组织编制《中国农业电子商务发展报告2016》，开展《生鲜电商农产品追溯监管体系的构建》《鲜活农产品电子商务分品种模式构建》等基础性研究。积极筹备在中国农产品市场协会下成立农业电子商务委员会，加强农业电商的行业管理和组织协调。农业农村部组织农垦企业与大型电商平台进行对接，开设“中国农垦旗舰店”。

据商务部（农村大数据中心）开展的大数据分析显示，2017年全国农村实现网络零售额12448.8亿元，同比增长39.1%。截至2017年底，农村网店达985.6万家，较2016年底（816.3万家）增加169.3万家，增长20.7%，带动就业人数超过2800万。农村网络零售额中，实物类产品网络零售额占62.9%，达7826.6亿元，同比增长35.1%。在实物类产品中，网络零售额居前三位的依次为服装鞋包、家装家饰、食品保健，分别实现1600.3亿、1129.5亿、1031.0亿元，同比分别增长30.5%、6.4%、61.0%。分区域看，2017年东部、中部、西部、东北农村分别实现网络零售额7904.5亿、2562.1亿、1700.5亿、281.8亿元，同比分别增长33.4%、46.2%、55.4%、60.9%。其中，东部农村网络零售额占比达到63.5%，优势依然明显。中西部及东北农村网络零售额合计为4544.4亿元，同比增长50.4%，高出东部农村增速17.0个百分点。2017年，全国832个国家级贫困县实现网络零售额1207.9亿元，同比增长52.1%，高出农村增速13.0个百分点。

第四节　加快推动农业农村大数据发展

农业现代化与信息经济形成了历史性交汇，大数据等现代信息技术为推进现代农业建设提供了难得的历史机遇，正在全面、深入地与农业产业渗透融合，成为引领和驱动农业发展方式转变、建设现代农业的新引擎，对农业农村经济发展产生全方位的深刻影响。

农业农村部制定了《全球农业数据调查分析系统实施办法》《全球农业数据调查分析农产品市场分析预警团队建设与管理试行办法》《全球农业数据调查分析系统农产品供需分析月报制度实施方案》，每月定时、定点发布中国玉米、大豆、棉花、食用植物油、食糖5个品种的农产品供需平衡表。印发了《农业农村大数据试点方案》，启动农业农村大数据试点工作，在北京等21个省（区、市）开展生猪等8种重要农产品的大数据试点工作，从涉农数据共享、单品种大数据建设、市场化建设运营机制、大数据应用等方面，探索发展大数据的机制和模式。

第五节　加快推进信息进村入户

信息进村入户是发展农业农村信息化的重要手段，为缩小城乡数字鸿沟、推动城乡统筹发展搭建了信息化的桥梁，在加快转变农业发展方式、推进现代农业建设方面发挥着重要作用。2014年以来，按照中央一号文件的部署安排，农业农村部启动实施了信息进村入户试点工作。信息进村入户以满足农民生产生活信息需求为出发点和落脚点，以打通信息服务“最后一公里”为着力点，通过在所有行政村建设益农信息社，统筹农业公益服务和农村社会化服务两类资源，着力构建“政府、服务商、运营商”三位一体的可持续发展机制。

2017年，在3年试点取得经验的基础上，全面实施信息进村入户工程，在10省市开展整省推进示范，财政部安排中央财政转移支付资金予以支持。3月，在北京召开信息进村入户工作整省推进示范工作布置会，研究部署2017年整省推进示范的重点工作任务，并指导10个示范省农业部门签订了《信息进村入户工程整省推进示范工作目标责任书》。7月，分组赴信息进村入户10个整省推进示范省市进行集中调研督导。从调研督导情况看，10省市按照中央一号文件部署要求，切实加强组织领导和队伍建设，强化资金投入，明确目标责任，完善制度规范和风险防控措施，整省推进示范取得明显成效，为全国全面实施起到了很好的带动作用。11 月 10 日在苏州市召开全国信息进村入户工程交流会，会上发布了益农信息社百佳案例，部分省份交流了各自的先进做法和典型模式。截至 2017 年 12 月底，全国共建成运营 16.9 万个益农信息社，累计培训村级信息员 53.6 万人次，为农民和新型农业经营主体提供公益服务 7960 万人次，开展便民服务 2.33 亿人次，实现电子商务交易额 167 亿元。

信息进村入户领导体制和工作机制基本建成，市场化运营机制初步形成，服务内容和手段不断丰富，涌现出一批好的典型和模式。一是满足农民多样化需求。信息进村入户将公益服务、便民服务、电子政务集聚到益农信息社，试点工作中，村级信息员和农民群众普遍反映，信息进村入户就是好，能够把世界带到村里，把村子推向世界，还可以让农民“买世界、卖世界”。二是帮助企业拓展农村市场。信息进村入户为企业提供了开拓农村市场的大平台，共创“政府得民心、企业能盈利、农民享实惠”的发展格局。三是提升政府部门管理和服务能力。信息进村入户不仅可以使党的农村政策迅速送到千家万户，而且可以快速了解掌握农情、灾情、市场行情和社情民意，还可以改进政府部门的服务方式、拓宽服务范围、畅通服务渠道。

12316 综合信息服务平台建设成果显著。近年来，全国农业系统公益性服务专用号码 12316 在实践中不断创新与成长，发展方式从电话、电脑、电视“三电合一”的单一服务模式升级为集电话、广播、电视、书报杂志、网站、手机短彩信、“两微一端”等于一体，多渠道、多形式、多媒体相结合的综合服务模式；服务领域由原来仅限于农业生产技术、政策、市场拓展到生产、生活、医疗卫生、教育文化、金融法律、就业等方方面面；承载内容由原来农业系统的单项工作发展为优化配置资源，全面服务“三农”的大型平台载体。2017 年，12316“三农”综合信息服务平台进一步加强了各业务系统的改造升级与深度应用，12316 短彩信平台服务对象达 40 多万人，向广大农户与“三农”工作管理人员发送短彩信共计近 3000 万条，强化了有关工作的宣传推介，推进了全国资源共建共享和统筹发展，取得了显著成效。

同时，开展农民手机应用技能培训工作。2017 年 3 月 20 日至 26 日，组织开展了全国农民手机应用技能培训周活动。全国 31 个省（区、市）、新疆生产建设兵团以及不少地市、县区相继启动了培训活动，形成了上下联动、政企合作、同心为民的培训格局；组织编写了《农民手机应用（精编版）》教材和《手机助农十招》口袋书，利用微信平台“小程序”研发了全国农民手机应用技能培训平台；组织15家企业以及有关培训机构，在北京市怀柔区雁栖镇范各庄村、四川省宜宾市高县庆符镇骆家村、河南省偃师市大口镇山张村等地举办了11个专场培训活动，其中9场实现了网络同步直播。据监测，培训周期间有410.3万人观看网络直播、登录平台学习和参与网上活动。11月9日，在首届全国新农民新技术创业创新博览会期间举办了全国农民手机达人大赛，来自29个省（区、市）和新疆生产建设兵团的100位新农民代表参加大赛，最终决出了3位新农民手机达人。整个比赛过程通过“两微多端一平台”（微博、微信公众号、客户端和农视网）全程直播，在线观看人数超过10万。

第六节　持续优化农业信息化发展环境

一是互联网普及率稳中有升。为缩小互联网开发应用带来的城乡“数字鸿沟”，近年来，我国加大了农业农村的互联网接入建设力度。中国互联网络信息中心（CNNIC）发布的第41次《中国互联网络发展状况统计报告》显示：截至2017年底，中国网民规模已达7.72亿，互联网普及率达到55.8%，比2016年提高了1.1个百分点。其中，农村网民占比为27.0%，规模为2.09亿，较2016年底增加793万人，增幅为4.0%。网民上网设备进一步向移动端集中——手机网民规模达7.53亿，网民中使用手机上网人群的占比由2016年的95.1%提升至97.5%。线下手机支付加速向农村地区网民渗透，农村地区网民使用线下手机支付的比例已由2016年底的31.7%提升至47.1%。总体而言，农村互联网普及率稳中有进，但相较于城镇地区71.0%的互联网普及率，仍存在35.6个百分点的差距。

二是农业网站数量稳定质量不断提升。网站是农业信息化的堡垒，是农业信息化的门户，是政府服务联系农业农村的桥梁。中国农业信息化过程中，网站的建设经历了一个起步、缓慢发展、快速发展和稳定发展的过程。目前，农业网站的数量呈现稳中有升的状态，进入了发展新常态。目前我国涉农网站总数有4万多个，其中农业行政主管部门建立的网站有4000多个。除了传统的门户网站外，现在大数据服务平台、农业物联网平台、农村商务网站等成为农业网站的新形式。移动互联成为农业信息化的主渠道。农业网站的分布符合行业价值链的“U型曲线”：网站数量与地区经济总量正相关，网站与农业部门的经济效益正相关。国家行政部门级别越高，网站的规模与质量越高；农业企业的效益越好，网站的规模与质量越高。在农业网站数量质量稳定提升的同时，面向农业生产服务的网站数量和服务形式也得到了快速发展。

三是网络安全基础不断夯实。2017年5月17日至18日在重庆组织召开农业网络安全和信息化培训班，来自各省农业部门、部机关司局、直属事业单位网络安全和信息化有关负责同志共180人参加了培训。为进一步加强《网络安全法》普法宣传，编制了《〈网络安全法〉宣传册》《〈网络安全法〉有关规定一览表》和H5版本的《网络安全法介绍》，通过各种形式广泛宣传网络安全有关规定，提高网络安全意识。制定印发了《农业部党组关于贯彻落实〈中共中央国务院关于加强网络安全和信息化工作的意见〉的实施意见》《农业部网络安全事件应急预案》《农业部系统网站管理暂行办法》《农业部直属单位网站页面设计规范》，研究完善了《农业部网络安全信息通报工作管理办法》。组织开展2017年部系统网络安全等保定级工作，目前信息系统已基本实现等保定级。继续开展33个重要信息系统渗透测试和整改工作，提高重要信息系统的安全防护能力。加强信息通报和临时突发事件的处理，做好全国两会和“一带一路”高峰论坛期间网络安全信息通报，做好勒索病毒、农民杂志社网站被黑等一系列临时突发事件的防护应对工作，确保农业农村部信息系统和个人电脑平稳运行。成立网站整合专项工作小组，推进部系统网站整合，目前各单位已基本完成整合目标，新版门户网站已定稿，正进入开发阶段。完成软件正版化、电子邮件服务器安全专项整治等相关工作。

四是农业信息化人才培养持续发力。近年来，农业农村部按照中央决策部署要求，扎实推进农业农村人才发展体制机制改革和各类人才队伍建设。截至2017年12月，我国农村网民规模达2.09亿，较2016年底增加了793万人，增幅为4.0%，农村互联网普及率达35.4%。农民借助信息化手段，实现了从传统的单一的生产者向生产经营主体的转变，懂生产会经营善管理的新型职业农民队伍正在壮大。搭乘信息化的快车，“互联网 +”已经成为强农惠农的一条现实途径，特别是农业电子商务对农民增收的作用已经显现。

第十二章　2017 年中国新型智慧城市发展情况

第一节　新型智慧城市建设处于起步准备阶段

2017 年，新型智慧城市总体发展态势良好，日益成为贯彻落实新发展理念优秀的范例或者是实践的载体。2017 年 12 月 20 日，国家新型智慧城市建设部际协调工作组编著的《新型智慧城市发展报告 2017》（以下简称《发展报告》）发布。《发展报告》以首次全国新型智慧城市评价工作为特色，系统展示了评价工作过程和评价数据分析结果。《发展报告》显示，220 个城市平均得分 58.03 分，最高 84.12 分，最低 27.09 分，220 个城市过半处于起步阶段。根据总分，工作组将新型智慧城市建设分为四个成熟度：准备期（0—55）；起步期（55—70）；成长期（70—85）；成熟期（85—100）。据了解，220 个城市，93 个处于准备期，86 个处于起步期，41 个处于成长期。而从区域分布来看，中东部城市在新型智慧城市建设上整体先行。评价总分前 100 名的城市有 85 个集中在人口密度对比线以东。①

---

① 新华网：《2017，新型智慧城市这一年》，http：//www. xinhuanet. com/info/2017 - 12/22/c_136844645. htm，2017 年 12 月 22 日。

第二节 “城市数据大脑”日渐成为城市重要基础设施

新型智慧城市建设需要动态收集、整合共享、挖掘分析空间尺度的GIS数据、建筑尺度的BIM数据、城市运行数据、人口数据等各维度、各尺度的城市数据，将静态、物质性、阶段性的智慧城市提升为动态、人本、全周期的新型智慧城市运营模式，从而提高城市运营管理和服务质量与水平。随着城市现代化运行发展需要，基于大数据的“城市大脑”正逐步成为新型智慧城市建设的重要基础设施，城市水平和运行效率得到较大提升。“城市大脑”以互联网为基础设施，利用丰富的城市数据资源，对城市进行全局的即时分析，通过数据融合、技术融合和业务融合，有力支撑政府决策科学化、社会治理精准化和公共服务高效化，有效解决城市发展问题。在2016年10月的云栖大会上，阿里宣布要给杭州装上“城市大脑”，用数据消灭从摄像头到红绿灯的距离。经过1年的发展，目前杭州市交警支队已经在主城区通过“城市大脑”进行红绿灯调优，并即时提供出警决策，城市大脑日均事件报警500次以上，准确率达92%，大大提高执法指向性。自“城市大脑”在杭州落地以来，阿里、百度、科大讯飞、华为、中兴通讯和神州等科技巨头全面加速布局“城市大脑”应用。腾讯超级大脑、阿里ET大脑、华为城市神经网络、上海城市大脑、滴滴交通大脑、AIbee行业大脑等类似的智慧城市系统不断涌现。很多地方开始启动“城市大脑”建设，在城市管理、旅游开发、民生服务、城市规划等领域中发挥支持作用。雄安以阿里ET大脑为基础，构建新型智慧城市。深圳市龙岗区投资5亿元，计划打造集城市运行管理、视频会议、智慧城市体验展示、政务数据机房于一体的“龙岗智慧城市大脑”。重庆市将建设基于“城市大脑”的“智能重庆”。杭州市政府公布了杭州“城市大脑”的“五年规划”，“城市大脑”将深入交通、医疗、平安、城管、旅游、环保等行业系统。天津经济技术开发区设计和开发了一套以人工智能为基础的“1+4+N”方案，能够将区内人、物、事的信息和数据最大限度汇集起来，交给华为“城市大脑”IOC中心进行处理、沟通和深度挖掘，再通过智慧平台为区内企业和居民提供全生命周期的精准化、点对点智慧服务。

第三节 以人民为中心的智慧服务不断丰富

随着人工智能、大数据、移动互联网等信息技术在社会领域的深入渗透，城市民生领域涌现更多新模式、新应用，在线教育、远程医疗、智慧交通、智慧环保、食药安全监管追溯等智慧应用深入发展，信息惠民便民服务持续优化，不断满足人民群众追求普惠、高效、便捷生活等方面的新需求。在线教育打破地域和优质资源集中的限制得到快速发展。截至2017年底，国内共有在线课程平台60余家。[①]《中国教育类APP行业发展及用户行业研究报告》显示，我国的教育应用程序总数已超过7万个，约占APP市场份额的10%。K12、词典翻译、学前教育、沪江开心词场、UMU、微助教、课立方等，这些APP产品得到用户的青睐。[②]异地就医直接结算全面推进，全国400多个统筹区已经全部接入了全国家级平台，有效解决了参保群众异地就医人员报销周期长、垫资负担重、往返奔波劳累等难题。远程医疗得到广泛发展，优质医疗资源普惠更多群众。目前，全国22个省份建立了省级远程医疗平台，覆盖1.3万家医疗机构、1800多个县。如青海省公立医院已开展远程医疗病例1736例，远程影像诊断病例4388例，基层群众就医可及性和有效性明显增强，基层上转至上级医院的患者正在逐渐减少。科大讯飞与安徽省立医院联手打造全国首家人工智能辅助诊疗中心——安徽省立智慧医院，接入省内41家县级医院。乌镇探索线上智慧养老综合平台、远程医疗平台和线下照料中心、卫生服务站结合的“医养结合二加二”新模式。阿里巴巴在北京试点打造了全国首个智联网养老院。扬州打造“移动养老超市”，提供生活照料、健康管理、紧急救助等70多项服务。重庆合川区探索推出了“电子社保”到村、网上社保到户、自主社保到点、一卡通服务到人和掌上社保到手等新模式。全国交通一卡通基本实现互联互通。目前，全国已有190个地级以上城

① http：//www. ciotimes. com/smarteducation/143712. html.

② https：//www. sohu. com/a/126215020_ 571550.

市初步实现交通一卡通互联互通，发行互联互通卡片1300万张，覆盖了京津冀、长三角、珠三角、长江经济带等多个重点区域，实现了公交、地铁、出租汽车、公共自行车以及轮渡等多方式应用。宁波市停车诱导管理平台接入海曙、江北老外滩等核心区41处停车场，通过停车位热力预警分析及诱导屏、甬城管家微信、“甬城管+”、宁波通等APP多维度的发布渠道，初步实现核心城区停车有效诱导。新余市建立城市能源与环境监控管理系统，对城市工业、大型建筑、交通车辆等耗能情况以及水、气、噪声等环保情况进行统一实时监控、调度和管理，努力使绿色低碳环保成为全社会的共同行动。宁波市运用大数据分析和图片识别技术，在全国率先研发出网络订餐智能化监控系统，对网络订餐实施网上网下一体监管。

第四节　智慧城市群建设提速区域一体化发展

我国推进智慧城市建设不仅表现在单个城市层面上，而且还出现了以城市群为特征的更大范围的智慧化建设。随着新型智慧城市建设范围不断扩大，城市群、都市圈规划也显现智慧化布局趋势，从而在更大范围内实现资源整合和要素集聚，加快区域经济社会一体化进程。京津冀三地整合资源、协同联动，整合部门物联网、云计算、大数据等设施和数据，在智慧城管、智慧交通、智慧医疗、智慧社区、智慧环保、智慧政务平台、食品安全体系等方面进一步加快建设步伐，努力将其打造成智慧城市群建设的标杆工程。2017年9月，沈阳经济区8个城市代表共同签署《沈阳经济区智慧城市群建设战略合作协议》，旨在以大数据发展作为创新引擎，以促进信息互联互通和资源共享为重点，着力构建水平先进的信息基础设施体系、便捷高效的城市管理与民生服务体系、创新活跃的大数据产业发展体系，共同促进沈阳经济区经济结构向智慧经济转变，带动沈阳经济区乃至东北老工业基地的新一轮振兴。[①] 2017年11月，上海市经济信息化委、江苏省经济信息委、浙江省经济

① 祝博洋：《沈阳经济区8城市携手构建“智慧城市群”》，http://finance.nen.com.cn/system/2017/09/24/020105825.shtml，2017年9月24日。

信息化委、安徽省经济信息化委联合印发《长三角区域信息化合作“十三五”规划（2016—2020年）》，将共同推动区域信息基础设施统筹发展、推动区域信息经济协同发展、推进区域社会信息化融合发展、促进跨区域信息安全和公共安全联防联控等方面展开。智慧城市群从更宏观、更系统的层面推进智慧城市建设战略的实施，为区域智慧一体化和单个城市的智慧化建设指明了方向。

第五节　新技术应用为智慧城市建设注入新活力

伴随窄带物联网、人工智能等新一代信息技术迭代演进速度加快，信息技术与城市现代化加快深度融合，为新型智慧城市建设不断注入新活力。窄带物联网（NB－IoT）的应用日趋广泛，运营商提速窄带物联网商用，中国电信发布“NB－IoT企业标准”，启动广东、江苏等7省12市大规模外场实验，中国联通、中国移动提速NB－IoT外场测试部署和试点城市建设。各地区积极探索窄带物联网在智慧城市的应用，福州马尾区部署了基于NB－IoT网络的智慧城市应用建设；江西鹰潭市开展了NB－IoT应用试点，在远程抄表、智能停车、智能路灯等多个领域将有涌现出很多创新模式和解决方案。人工智能已经逐步渗透到安防、物流等行业，利用深度学习技术进行视频识别应用，使得大安防领域成为人工智能技术最大应用场景之一。阿里巴巴旗下菜鸟网络开发出沛东机器人小G，有助于解决“最后一公里”配送难题；京东推出的无人机、无人仓等，既改变了物流行业传统配送方式，也大大提高了物流效率。区块链技术在智慧城市中的应用已经逐渐兴起，在金融系统、审计系统、供应链、能源电力、智慧园区管理系统，智慧交通应用等领域均取得了长足的进步。

第六节　多元利益相关主体交互参与新型智慧城市建设

各地在推进新型智慧城市建设过程中普遍重视发挥企业和社会力量，改变政府主导的单一建设模式，通过合作模式创新，让企业成为新型智慧城市建设主力军，极大加快了新型智慧城市建设进度。杭州的"城市数据大脑"项目吸纳了13家企业参与，阿里云提供计算、大数据和人工智能技术，中国移动和中国联通提供网络通信保障，海康威视提供图像视频捕捉能力等，各方企业的技术优势在智慧城市运营中得到有效整合，提高了建设水平和运营水平。上海将"政府引导、企业主体""激活市场、鼓励众创"作为上海新型智慧城市建设的原则，在智慧城市建设投融资保障上采用"推进PPP（政府与社会资本合作）和政府购买服务等模式，鼓励社会资本和专业机构探索市场化经营，提升智慧城市投资、建设和运营效能。发挥政府产业引导基金的先导作用，有效衔接多层次资本市场及其相关配套服务体系，促进面向智慧城市及相关产业建设的一体化金融服务链的形成"。在智慧城市应用体系建设上，重视激发社会和企业的创新活力，在上海开展的智慧城市建设成果评选中，十大创新应用有四个是民营企业开发运营的，捷停智慧停车、31会议、途虎养车、凹凸共享租车等企业开发和运营的项目切实发挥了信息惠民的积极作用。北京市提出"推动信息基础设施及共性平台集约建设、开放共享，以购买服务和政企合作方式吸引更多市场主体参与，推动公共数据和社会数据融合利用"。南京市着力打造智慧城市政产学研用联盟，通过数据开放、政府采购、设计竞赛等方式，激发创新应用，创造智慧城市技术和市场需求，扩大有效供给。沈阳市探索市场化运作的智慧城市建设及运营模式，在公共领域大力推广特许经营、PPP等模式，积极和国内知名互联网企业、IT企业和大数据企业合作，通过组建大数据运营公司、研究院、投资基金等，稳步推进项目外包和政府购买服务，形成政府、市场共同参与智慧城市建设的良好局面。企业的积极参与为新型智慧城市发展注入了创新活力、扩大了资金来源、提升了发展质量，同时也为企业扩大了市场、增加了效益。

第十三章　2017 年中国“数字丝绸之路”发展情况

第一节　“数字丝绸之路”建设倡议带来前所未有的机遇

2017 年 5 月 14 日，习近平主席在“一带一路”国际合作高峰论坛开幕式上的演讲中指出，要推动大数据、云计算、智慧城市建设，连接成 21 世纪的“数字丝绸之路”。2017 年 12 月 4 日，在浙江乌镇召开的第四届世界互联网大会举行“数字丝绸之路”国际合作论坛，就跨境电商等话题进行讨论，大会期间，中国、埃及、老挝、沙特、塞尔维亚等国家代表共同发起了《“一带一路”数字经济国际合作倡议》。

“数字丝绸之路”具有非常深刻的内涵。理念层面，“数字丝绸之路”需要参与各国通力合作，从而实现互惠共赢。制度层面，“数字丝绸之路”建设需要各国政府合作过程中需要在知识产权和隐私保护等政策上达成共识。技术层面，“数字丝绸之路”需要共同克服建设过程中面临的一系列技术问题。商业层面，“数字丝绸之路”要以企业作为主体推动，企业应该发挥主观能动性，加强相互协调，在“数字丝绸之路”建设中发挥重要作用。

“数字丝绸之路”具备以下几个特征。一是开放性。“数字丝绸之路”首先是开放的，各国致力于共建“五通”的网络，实现各国网络、各类信息的自由接入。二是长效性，“数字丝绸之路”建设需要建立在相互理解、长期合作的基础上。三是合作性，“数字丝绸之路”需要构建各国政府、企业、研究机构等共同参与的合作生态圈。四是前瞻性，“数字丝绸之路”建设需要具有前瞻性。

“数字丝绸之路”建设倡议在促进数字经济、贸易全球化、区域创新、现代物流、移动信息化等领域快速发展的同时，也为网信企业走出去，开展更大范围的国际产能合作带来了前所未有的机遇。

“数字丝绸之路”为数字经济发展带来重大机遇。数字经济是“数字丝绸之路”建设的重要领域和核心内容，而“数字丝绸之路”则是带动我国经济乃至“一带一路”国家数字经济转型升级的主要途径。一方面，“数字丝绸之路”为数字经济发展提供良好外部政策环境。“一带一路”倡议不仅是涉及经济社会各领域的综合性政策倡议，更是营造良好产业环境的重要举措，为我国数字经济产业走出去提供了良好外部政策环境。2017 年 5 月，近 20 个国家和 20 多个国际组织计划在基础设施、产能合作、贸易投资等多个领域与我国开展更加深入的合作，共同推进“数字丝绸之路”建设。此外，我国还主导建立亚洲基础设施投资银行，聚焦基础设施和与数字经济密切相关的网络硬件基础设施进行投资，助力数字经济走出国门。越来越多国际经济合作协议的成功签署，将有利于我国数字经济产业在国外享受更多的海外政策红利。另一方面，“数字丝绸之路”建设为数字经济发展提供强有力的信息基础设施保障。通信基站、光纤电缆等信息基础设施对数字经济发展起到重要的支撑作用。我国数字经济之所以能够得到迅速发展，就源于我国多年来在信息基础设施建设方面进行的成功实践，为数字经济的发展奠定了良好的基础。当前，信息基础设施作为“数字丝绸之路”建设倡议的基本前提和重要内容，推进与沿线国家和地区信息基础设施的互联互通将为数字经济在沿线国家和地区的发展奠定坚实的基础。近年来，运营商加快“一带一路”信息化建设部署，在提升沿线国家和地区信息基础设施承载能力方面发挥了重要作用。中国移动在东北亚等区域建成 8 条陆地光缆，在北京、上海等地建成 5 个国际通信业务出入口局，建成 29 个“信息驿站”，大力推动 4G TD－LTE 全球发展，共享创新成果。中国联通加快与沿线国家和地区共建国际海陆缆，与沿线 19 个国家和地区共建亚非欧 1 号海缆，并率先形成海上丝绸之路的双海缆覆盖；推动与亚欧非大陆及附近海洋的联通；积极探索 5G 技术、加快部署物联网、推进 SDN/NFV 网络转型，增加新兴技术在经济社会领域的应用深度和广度。

“数字丝绸之路”为网信企业指明国际化发展新方向。网信企业是“数字丝绸之路”建设的主力军，在推动沿线国家和地区互联网产业发展中发挥着十分重要的作用。随着“数字丝绸之路”建设的深入推进，将有越来越多的网信企业加入到“数字丝绸之路”建设的队伍中来，加快在沿线国家和地区的布局，获得更大的发展。一方面，“数字丝绸之路”建设为网信企业走出去创造新机会。发展中国家在“一带一路”沿线国家和地区占很大比重，这些国家市场发展程度相对较低，与经济发展的需求不相匹配，但其在互联网领域的需求潜力却十分巨大。我国互联网发展虽然起步比发达国家要晚，但经过多年的发展，我国互联网产业已经形成了明显的设施优势、用户优势和应用优势，越来越多的信息技术企业迈出国门，走向世界，催生互联网新业态新模式。我们可以看到，我国已经逐步与发达国家站在了同一起跑线上。“数字丝绸之路”建设倡议的提出，为我国网信企业走出去指明了国际化的方向，提供了更广阔的市场。自 2017 年 5 月“数字丝绸之路”倡议提出以来，越来越多的国家同中国在多个领域开展合作发展倡议。日益密集的政策对接，不仅大大加快了我国网信企业走出去的步伐，也提高了我国网信企业国际化的效率。以阿里巴巴为例，为了在 eWTP（世界电子贸易平台）建设方面达成共识，阿里巴巴先后花费了很多时间，与几十个国家和地区的政府及商界进行会谈，最终达成合作协议。由于各国政策不同，沟通交流就需要耗费巨大的财力和物力，而国家层面上签署的各类合作协议无疑为企业扫清了政策障碍，为企业国际化拓展提供了良好的政策保障。阿里巴巴专门有一个“数字丝绸之路”（E - Road）战略。小米建议中国政府在沿线国家和地区重点城市培育孵化器，为我国企业实现“走出去”战略升级打好基础。另一方面，民营网信企业将借力成为“数字丝绸之路”重要建设者。近年来，民营企业广泛参与“数字丝绸之路”建设，成为“数字丝绸之路”重要的建设主体。目前，阿里云在新加坡、迪拜、欧洲等国家和地区部署建设了若干数据中心，并且有超过 10 万家企业在阿里云的带动下，在“一带一路”沿线国家和区域开展多领域的合作。除了阿里巴巴，华为、小米等一批有实力的民营网信企业，都怀揣着对“数字丝绸之路”的美好憧憬和独特见解，理所当然地成为“数字丝绸之路”的运营商，它们带着各自擅长的领域在“一带一路”沿线国家和地区扎根，赚取收益的同时也大幅促进了当地经济发展。中国在互联网和科技领域发展优势十分明显，具备带动沿线国家和地区互联网、科技发展的基础条件，将互联网、物联网作为基础设施联通的重要组成，推动大数据、云计算、智慧城市建设，将有助于提高沿线国家和地区的互联网水平，进而为实现沿线国家和地区“五通”目标奠定坚实的基础，这一举措也能够为网信企业带来绝佳的历史机遇。不论是网信大企业，还是中小微企业，只要乘上“数字丝绸之路”这艘巨轮，总能获得远远比大型实体商品生产企业更大的影响力与软实力。

数字物流将为物流产业发展带来新机遇。数字物流是数字经济发展的重要组成部分，也是“数字丝绸之路”建设的主要内容。数字物流是指将数字技术广泛应用于整个环境和物流活动，并对各类数字化的信息进行收集、处理、交换和传送，进而实现对物流系统各环节的功能活动高效化、高速化控制。① 这里的数字技术是指借助一定的设备将各种信息转化为计算机能识别的二进制数字后进行运算、加工、存储、传送、传播、还原的技术。数字物流建设的目标在于“物流操作数字化，物流商务电子化，物流经营网络化”，通过对物流系统全过程进行数字化控制，推动物流系统向高效化、可靠化、个性化发展，以期为人们提供方便、快捷、及时的物流服务。“数字物流”对传统物流产业具有颠覆性的影响，不仅会引起传统物流运作模式变革，也引起了物流业务模式的变革。主要体现在以下几方面：一是“数字物流”通过引入新技术，提升物流企业数据采集和经营管理水平；二是“数字物流”通过引入电子商务，改变企业商务模式，降低企业交易成本；三是“数字物流”能够加快传统物流业务系统网络化进程，从而形成物流网络化经营模式。② 未来，“数字物流”将最大限度地发挥新兴信息技术的优越性，促进信息技术与物流业务深度融合，以此来推动推动物流业务模式变革。随着信息技术的快速发展，将有更多新技术、新标准、新理念不断涌现，从而诞生出更多数字物流新模式、新业态，拉动区域数字经济发展。

“数字丝绸之路”为企业开展国际产能合作创造难得的机遇。“一带一路”以推动实现沿线国家和区域内“五通”为目标，促进各国在基础设施等

---

① 《数字丝绸之路开建，数字物流将开辟物流发展新机遇》，http：//www. xd56b. com/zhuzhan/wlzx/20170518/53907. html。

② 《数字物流》，https：//baike. baidu. com/item/% E6% 95% B0% E5% AD% 97% E7% 89% A9% E6% B5% 81/3385499？ fr = aladdin。

领域开展广泛而深入的合作。一方面，沿线国家和地区资源禀赋迥异，各具独特的比较优势，各国之间取长补短，在多个领域开展合作的潜力和空间巨大，进而对于化解我国过剩产能具有积极作用。[①] 另一方面，国际金融危机后，世界各国纷纷加大基础设施建设的投入力度，以促进经济复苏，促进制造业向高端化转型升级。同时，从沿线国家和地区的发展实际来看，绝大部分发展中国家在资金、先进技术、发展模式和管理经验等方面需求十分迫切，而经过多年的发展，我国企业在这些方面积累了丰富的经验，形成了较强的竞争优势。

“数字丝绸之路”将加速中国的移动信息化能力输出。近年来，中国信息技术产业高速发展，自主性不断增强，核心竞争力显著提升，在很多细分技术领域已位居世界领先水平。与西方发达国家相比，我国在移动信息化的技术与市场培育方面已经具备了一定的比较优势，移动信息化企业已经能够将发达国家作为目标市场，大量输送移动信息技术，深刻影响着移动信息化产业的全球化发展步伐。“数字丝绸之路”建设无疑为中国移动信息化产业拓展了广阔的市场空间，将市场范围延伸到“一带一路”沿线的发展中国家市场。对于这些发展中国家的新兴市场来说，中国的移动信息化产品与解决方案在技术、性价比、部署方式等方面的优势十分明显，不仅能够很好地满足新兴市场消费者的个性化需求，更能在节约信息化投资的同时提高用户的信息化能力。[②] 发展中国家对于移动信息化能力的需求有所不同，更倾向于对于移动信息化的基本需求，如移动设备管理、移动消息管理等。通过移动设备管理功能，企业用户可以对移动设备进行远程跟踪、保护和更新，将移动设备纳入企业信息化流程中，使其成为企业信息化的重要组成部分，以确保企业各项业务的连续性、可存取性和安全性；而移动消息管理功能则针对该区域移动信息能力薄弱的特点，为其提供强大的移动信息工具。

① 《聚焦“一带一路”丨张威：“一带一路”助力国际产能合作持续稳步推进》，http：//www. sohu. com/a/136515907_ 115495。

② 《“数字丝绸之路”为移动信息化带来重大利好》，http：//sec. chinabyte. com/254/13401254. shtml

第二节 数字基础设施成为“数字丝绸之路”建设的基石

跨境光缆共建工作成效显著。我国积极推动中俄、中哈、中吉等跨境光缆系统建设，初步建成了通达大多数沿线国家的国际通信传输网络，建设了涵盖中国、缅甸、越南、泰国、老挝和柬埔寨等6国的大湄公河次区域信息高速公路。截至2017年5月，我国已经与周边12个国家建有跨境陆缆系统。国际海缆建设持续推进，截至2016年底，中国通过国际海缆可连接美洲、东北亚、东南亚、南亚、大洋洲、中东、北非和欧洲地区，通过国际陆缆连接俄罗斯、蒙古国、哈萨克斯坦、吉尔吉斯斯坦、塔吉克斯坦、越南、老挝、缅甸、尼泊尔、印度等国，延伸覆盖中亚、东南亚、北欧地区。

信息通信服务合作稳步推进。调整形成了以“北上广等九个综合性国际业务局、昆明等十个区域性国际局、深圳等十个边境局和霍尔果斯等58个国际信道局”为主体的整体架构，有力保障了我国与沿线国家信息通信业务的通信质量。一批优势网信企业积极拓展海外市场，为沿线各国提供高质量的信息通信服务和应用产品。华为在50多个非洲国家部署了50%以上的无线基站和LTE高速移动宽带网络，通信光纤网络长度达到5万多公里。阿里巴巴在迪拜打造云数据中心，量身打造高性能、低成本云计算服务，助力当地数字化转型。

宽带接入发展水平提升显著。固定宽带网络升级持续推进，沿线国家铜缆退网加速，光纤接入用户持续增长，部分国家增速超过10%，铜缆用户呈负增长态势，或增速放缓。移动宽带发展水平显著提升，我国主导的4G标准TD－LTE已在21个国家和地区部署了39张，在当地移动通信服务和信息化水平提升中发挥了重要作用；目前，除蒙古国、越南、缅甸、东帝汶、阿富汗、尼泊尔、波黑、叙利亚、也门、巴勒斯坦等国家外，其余各国均已经建成4G网络。

第三节 跨境电商引领“数字丝绸之路”跨越发展

2017 年，跨境电子商务通过构建无国界、开放性、便捷性的普惠贸易模式，推动实现沿线各国物流、信息流和商流高度统一，成为我国企业加快海外布局、开展信息化国际合作的着力点，引领“数字丝绸之路”跨越发展。阿里巴巴与马来西亚共同启动中马 eWTP“数字中枢”建设，为当地企业提供支付、物流等一站式服务。蚂蚁金服先后与印度、泰国、菲律宾、印尼等国家展开战略合作，共同打造当地版支付宝。速卖通海外买家数累计突破 1 亿，每天访客超过 2000 万。微信支付在泰国的应用第三方服务商带来了更大的市场空间。“京东售全球”将中国商品销往俄罗斯、乌克兰、波兰、泰国、埃及、沙特阿拉伯等 54 个沿线国家。敦煌网打造全球领先的数字贸易生态圈，为买卖双方提供从产品上传、翻译、营销、售后，到关、检、税、汇、仓等一站式服务，帮助中小企业融入“数字丝绸之路”，实现“买全球、卖全球”。

沿线国家跨境电商贸易迎来迅猛发展期。2017 年，我国与沿线国家贸易额 7.4 万亿元，同比增长 17.8%。其中，出口 4.3 万亿元，增长 12.1%，进口 3.1 万亿元，增长 26.8%。[①] 2017 年 1—4 月，7 个沿线国家和地区跨境电商消费额增长较快，俄罗斯、乌克兰、波兰、泰国、埃及、沙特阿拉伯等 54 个沿线国家和地区可依托跨境电商平台购买到我国的商品。与此同时，超过 50 个沿线国家和地区的商品通过电商走进了中国。2017 财年，阿里巴巴跨境及国际消费业务实现强劲增长，速卖通、Lazada 平台的海外年度活跃买家数合计达到 8300 万，接近澳大利亚和英国的人口总和。

沿线国家日益成为我国软件应用出口重要目的地。工业和信息化部统计数据显示，2017 年，全国软件业实现出口 538 亿美元，较上年增长了 39 亿美元，增幅达到 7.82%。统计显示，全国软件业务收入达到 5.5 万亿元，企业

---

① http://www.jjckb.cn/2018-01/25/c_136924019.htm.

研发投入强度接近11%。对沿线国家软件出口执行金额达到87.43亿美元。[①]2017年初，美图秀秀因手绘自拍在海外走红，登上俄罗斯等8个国家手机免费应用总榜榜首，跻身全球21个国家手机免费应用总榜前10位。

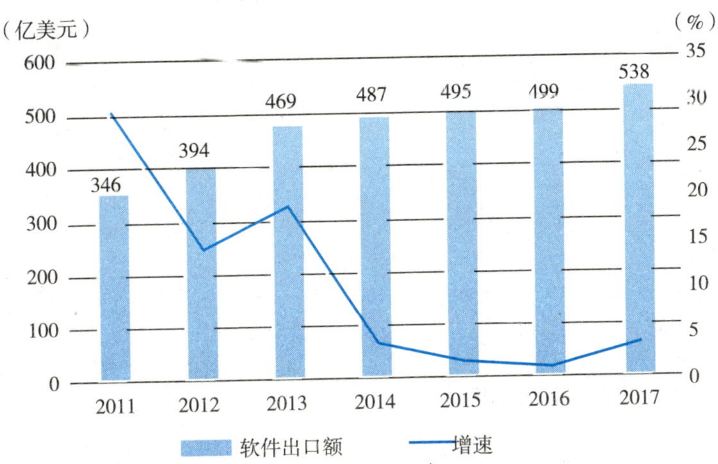

图13-1　2011—2017年全国软件业出口额及增速情况

资料来源：工信部，赛迪研究院整理。

数字贸易规模和增速可观。2016年，“一带一路”沿线68个国家中，有近40%的国家数字贸易销售额同比提高30%以上，其中，交易规模最大的国家是俄罗斯（见表13-1）。在我国陆上、海上22个邻国中，超过50%的国家数字贸易规模和增速进入了前20位。

表13-1　2016年“一带一路”沿线国家数字贸易交易规模及增速排名

排名	贸易规模	贸易增速
1	俄罗斯	不丹
2	以色列	吉尔吉斯斯坦
3	乌克兰	卡塔尔
4	波兰	阿曼
5	土耳其	菲律宾
6	捷克	巴基斯坦
7	沙特阿拉伯	孟加拉国
8	白俄罗斯	斯里兰卡

① http：//baijiahao. baidu. com/s? id = 1603140841663051541&wfr = spider&for = pc.

续表

排名	贸易规模	贸易增速
9	匈牙利	巴林
10	斯洛伐克	塞尔维亚
11	哈萨克斯坦	越南
12	印度	俄罗斯
13	拉脱维亚	尼泊尔
14	立陶宛	约旦
15	保加利亚	黑山
16	罗马尼亚	土库曼斯坦
17	爱沙尼亚	印度尼西亚
18	泰国	埃及
19	新加坡	塔吉克斯坦
20	印度尼西亚	柬埔寨

资料来源：敦煌网：《"一带一路"跨境数字贸易（出口 B2B）发展报告》。

中国—东盟数字贸易日益频繁，成为我国与沿线国家开展合作的重点区域。据商务部统计，2017 年，中国—东盟双边贸易额达到 5148 亿美元，较上年增长了 13.8%（如图 13－2 所示）。随着中国—东盟合作的逐步深入，东盟地区数字贸易出口增长态势良好，其中，中国—菲律宾出口增速最高，越南、印度尼西亚、柬埔寨、泰国等国家增速分别排在第 2—4 名。

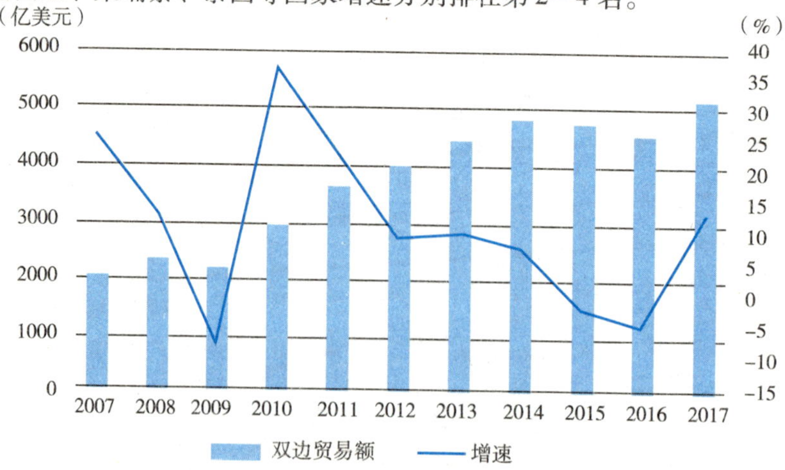

图 13－2　2007—2017 年中国—东盟双边贸易额及增速趋势情况

共同推进海关大通关体系建设成效显著。开展了国际贸易“单一窗口”试点，加快检验检疫通关一体化建设，开辟了哈萨克斯坦等国农产品通关“绿色通道”，为农产品贸易提供了极大的便利。

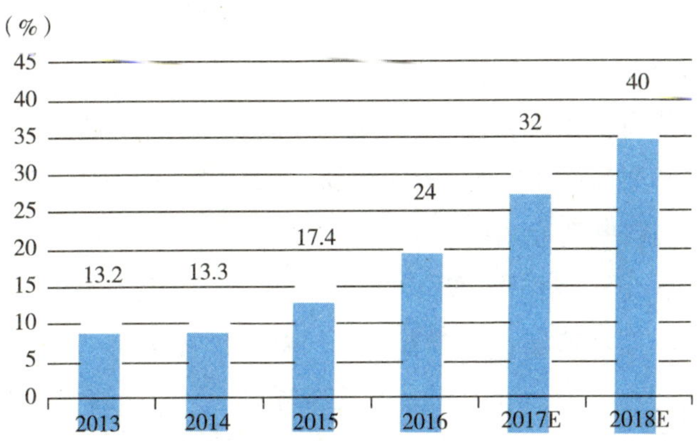

图 13－3　2013—2018 年“一带一路”数字贸易品牌产品销售额占比

资料来源：敦煌网报告。

第四节　“网上丝绸之路”建设成效初显

中阿“网上丝绸之路”建设率先启动。2017 年，中阿共建“网上丝绸之路”合作对话和协商持续加强，中国与阿拉伯有关国家签署了“网上丝绸之路”建设合作谅解备忘录。建设中国—阿拉伯国家“网上丝绸之路”，已列入国家“十三五”规划纲要。中国—阿拉伯国家“网上丝绸之路”经济合作试验区暨宁夏枢纽工程获国家批复。与阿拉伯国家联盟建立了卫星导航领域正式合作机制，在卫星导航技术交流等领域开展深入合作。中阿技术转移综合信息平台系统上线试运营，采集收录了中阿技术供需数据 70 多万项，近 1700 家国内外企业或科研机构加盟成为中阿技术转移协作网络成员，相继在 5 个阿拉伯国家建立了技术转移分中心，并向阿联酋、阿曼、科威特等近 10 个国家转移输出了一批先进适用技术和装备，建立了若干技术示范基地和联合创新实验室。2017 年 9 月 6 日，2017“网上丝绸之路”大会在银川举办，与会代表聚焦大数据与云计算、电子商务与数字经济、智慧城市与新技术应用等层面进行了多角度多侧面的交流与对话。

中国—东盟信息港加快架设“信息丝绸之路”。中国—东盟信息港是建设中国—东盟命运共同体和21世纪海上丝绸之路的重要举措和标志性工程，旨在发展更广范围、更宽领域、更深层次的互联网经济，携手共筑“信息丝绸之路”。《2017年中国—东盟信息通信合作计划》和《2017—2021年深化中国—东盟面向共同发展的信息通信伙伴关系行动计划》先后获批通过，围绕信息通信发展和监管政策、基础设施互联互通、新一代信息技术及应用、网络安全、互联网与制造业融合发展、中小微企业信息化水平提升、人力资源建设等领域开展交流与合作。2017年9月12日下午，中国—东盟信息港论坛·电子商务峰会在南宁拉开帷幕，以“共享丝路新机遇共创电商新愿景”为主题，聚焦三大议题开展主题演讲及高端对话，为全球企业参与中国—东盟电子商务合作交流搭建了高端对话平台。目前，一批立足广西、辐射西南中南、面向东盟的基础设施、跨境电商等重点工程相继落地，为进一步以广西为节点，深化中国与东盟国家信息化合作奠定了坚实的基础。

与多个国家签署“网上丝绸之路”建设备忘录。与土耳其等10多个国家达成了加强“网上丝绸之路”建设合作促进信息互联互通的合作意向，共同推动互联网和信息技术、信息经济等领域发展。在“一带一路”框架下，构建数字经济合作大通道，加强信息通信技术应用领域合作，通过搭建技术和人文交流平台，形成规制互认、设施互联、企业互信、产业互融的数字经济带，实现优势互补和合作共赢。以重庆为节点，深化中土“网上丝绸之路”建设，共同推动中土跨境电子商务平台上线运行。与埃及开展政策沟通对接、重大项目对接和双边城市对接，深化中埃在电子商务项目、投资资讯服务、信息技术交流、数字经济发展等方面的合作，推动两国互惠共赢。

第五节　企业成为“数字丝绸之路”建设的主力军

阿里巴巴：构建自由贸易的“数字丝绸之路”。为了更好地对接“一带一路”建设，阿里巴巴集团围绕电商平台、在线支付、数据中心、线下物流等业务展开深度布局，打造在线“一带一路”商业版图。[①] 例如，阿里巴巴旗下菜鸟物流在“一带一路”沿线国家布局了17个海外仓；蚂蚁金服先后投资泰国正大集团旗下的Ascend Money和印度版“支付宝”Paytm，用户规模超过2.15亿。依托电商带来的庞大用户和相关数据，阿里巴巴通过阿里云在中国香港等地建设数据中心，自主研发的大规模计算操作系统“飞天”也一同“出海”，在线为社会提供计算能力。2017年4月，阿里巴巴旗下全球速卖通（AliExpress）宣布其海外买家覆盖全球220多个国家和地区，买家数量突破1亿。为了顺应数字经济飞速发展的时代潮流，阿里巴巴提出了世界电子贸易平台（eWTP）建设倡议，致力打造全球化的“数字丝绸之路”。该倡议被写进了G20杭州峰会公报中。2017年3月22日，阿里巴巴在马来西亚建立了海外第一个eWTP数字中枢。10月26日，国内第一个eWTP数字中枢——eWTP杭州实验区落地实施，并确定了发展新技术、构建新平台、运用新渠道等几大任务。

华为：携Cinia打造连接亚欧数字化丝绸之路。在“一带一路”建设的推动下，华为布局沿线国家市场的步伐正进一步提速。在非洲，超长待机的华为手机成了当地人民的最爱。高端机领域，华为在马来西亚和泰国的高端市场份额分别超过了25%和10%。目前，华为已成全球第三大智能手机供应商，而华为的海外收入占比已超过70%。“中国智造”不断赢得所在国家雇员、客户和消费者的尊重。在智慧城市建设领域，华为与芬兰公司Cinia联手打造连接欧洲各数据中心的泛欧网络，通过C－Lion海缆连接欧洲与中国及亚太地区，堪称数字化丝绸之路。[②] Cinia将构建大容量云骨干网，依托骨干网连接北欧和中欧的数据中心，再通过芬兰、俄罗斯连接欧洲和中国的北丝绸之路，从而促进芬兰和欧洲的现代数字经济发展。2017年6月1日，中国华为公司宣布正式在曼谷建立全球第七个开放实验室。[③]

腾讯：打造云上“数字丝绸之路”。从腾讯云先后对外开放中国香港数据中心、新加坡数据中心、多伦多数据中心到全面开放11个海外服务节点，标

① http：//www.csjrw.cn/2017/0419/45595.shtml.

② http：//net.it168.com/a2016/0324/2570/000002570822.shtml.

③ http：//www.sohu.com/a/145482902_527853.

志着腾讯云已正式加入全球云服务市场的激烈角逐。[①] 2017 年初，腾讯云宣布要新建四大海外数据中心，并将扩建美国硅谷和中国香港数据中心，从而深化其全球化布局。随着国内多地数据中心的扩建，加上 11 大海外合作数据节点，腾讯云已面向全球开放服务节点 29 个，其中“一带一路”沿线国家也占有一定比例，腾讯云日渐成为全球云计算基础设施最广泛的中国互联网云服务商。

中兴：以智慧城市建设拓宽“数字丝路”。在智慧城市建设领域，中兴把目光瞄准了“一带一路”沿线国家。[②] 中兴通讯与银川市政府通过“一云一网一图”顶层创新设计架构和全新的 PPP 商业模式，在 10 大重点领域 13 个模块建设上形成了可复制、可推广的“银川模式”，为“走出去”奠定了基础。2017 年 5 月 14 日下午，保加利亚发展控股有限公司与中兴通讯签约，携手打造“圣索非亚项目”，为来索非亚工作、生活、旅游、购物、养老的人士提供便利的服务。俄罗斯电子股份公司与中兴签署合作协议，共建智慧城市。迄今为止，中兴通讯的智慧城市足迹已经遍及全球 40 多个国家 110 多个城市，能够提供涵盖顶层设计、产品方案、集成交付、融资运营在内的一整套智慧城市解决方案并实施落地。

---

① http：//www. sootoo. com/content/667212. shtml.

② http：//www. c114. net/news/127/a911536. html.

政 策 篇

第十四章　2017 年国家信息化发展政策环境

第一节　网络安全

网络安全一直是我国网信事业发展的核心要务。网络安全和信息化是事关国家安全和国家发展、事关广大人民群众工作生活的重大战略问题，习近平总书记多次强调保障网络安全的重要性。2017 年，国家发布的信息化相关政策都对网络安全问题给予了高度重视。2017 年 1 月 15 日，中共中央办公厅、国务院办公厅印发《关于促进移动互联网健康有序发展的意见》，对我国移动互联网的健康发展进行了顶层部署。《意见》指出要在树立理念、能力增强、机制建设方面加强相关工作。

在行业网络信息安全保障方面，国家互联网信息办公室印发了《国家网络安全事件应急预案》，该预案详细地解释了网络安全事件的定义，指出网络安全事件是指由于人为原因、软硬件缺陷或故障、自然灾害等。根据网络和信息系统或者其中的数据造成危害的程度和对社会造成负面影响的事件，把网络安全事件分为有害程序事件、网络攻击事件、信息破坏事件、信息内容安全事件、设备设施故障、灾害性事件和其他事件。该预案的制定对健全我国网络安全事件应急机制、预防和减少网络安全事件对公众利益的损害、维护国家网络安全和社会秩序具有十分重大的意义。2017 年 9 月，工业和信息化部公布了修订后的《互联网域名管理办法》，以规范互联网域名服务，推动中文域名和国家顶级域名发展应用，《办法》自 11 月 1 日起施行。为维护市场竞争秩序，有效打击域名欺诈、滥用等行为，保障用户合法权益，该《办法》规定域名注册管理机构应当通过电信管理机构许可的域名注册服务机构开展域名注册服务；域名注册服务机构应当按照电信管理机构许可的域名注册服务项目提供服务，不得为未经电信管理机构许可的域名注册管理机构提供域名注册服务。该《办法》还完善了域名服务许可制度，要求申请设立域名注册服务机构的向省（区、市）通信管理局提交申请，删除了域名注册服务机构注册资金不得少于100万元的规定，并进一步完善了有关要求。2017年11月，工信部印发《公共互联网网络安全突发事件应急预案》，明确了要建立应对互联网安全突发事件的组织体系和工作机制，提出要提高应急网络安全事件的能力，保证公共网络安全稳定运行，保障社会经济活动的正常运行和社会秩序的稳定。

随着移动互联网技术的不断发展，越来越多的通信网络参与到人们的经济和生活中，给人们带来了便利。但是也让人们心中隐隐担忧：信息泄露事件的发生也随着经济的发展，频率越来越高。2017年6月1日，我国首部网络安全法颁布实施，《网络安全法》确定了对个人信息收集和保护的要求，提出了个人信息保护的基本原则和要求，并对加强个人信息保护和惩治非法买卖个人信息等作出了明确规定。《网络安全法》全文共七章七十九条，确立了网络空间主权的原则，明确了政府各部门的监管职责和互联网参与主体的义务和责任，对互联网运行安全和信息安全以及预警监测和应急处置进行了详细规定，建立了关键信息基础设施安全保护制度，进一步完善了个人信息保护规则。《网络安全法》的出台对依法维护网络安全具有十分重要的里程碑意义。

第二节　基础设施

基础设施既是信息化发展的基本前提，也是信息化建设的重要内容。我国一直非常重视信息基础设施建设，近年来启动的一系列重大战略取得了非常显著的成效。从中央部委到各地区都出台了相应的政策来加强行业和地区信息化基础设施建设。

2017年11月26日，中办、国办印发了《推进互联网协议第六版（IPv6）规模部署行动计划》，明确了2017—2018年我国互联网基础设施建设方面的重点工作任务。《行动计划》分别从网络基础设施和应用基础设施两个方面进行了任务部署。

其中在网络基础设施方面要求进行 LTE 网络 IPv6 升级，开展 LTE 网络端到端 IPv6 业务承载能力建设，推动 LTE 网络、业务及终端全面支持 IPv6 等一系列围绕 IPv6S 升级改造建设的工作。在应用基础设施方面明确了超大型数据中心改造和相关系统完成升级的任务；要求开展新型根域名服务体系结构及应用的技术创新，建设具有一定规模的试验验证网络设施。

此外，2017 年其他部委出台的信息化相关政策文件也包括了加强信息基础设施建设的内容。教育部办公厅印发了《2017 年教育信息化工作要点》，对全国学校教学互联网和网络教学环境进行了工作部署，要求具备条件的学校基本实现网络全覆盖，接入宽带 10M 以上的中小学比例达到 70%。司法部印发《“十三五”全国司法行政信息化发展规划》，明确了加快信息化基础网络建设的主要任务。提出了按照国家电子政务网建设总体部署，整合司法行政系统各级业务网络，加快地（市）司法局、监狱、戒毒场所联网进程，推进县级司法局、乡镇（街道）司法所的网络建设，切实解决偏远地区基层司法行政机关的网络连接问题，全面实现部、省、市、县、乡等五级网络纵向贯通。推进各业务专网改造并向电子政务外网迁移，推动网络横向联通，整合网络资源，实现与公检法等政法机关及党委、政府有关部门的网络贯通，为跨部门资源共享、业务协同打下良好基础。

第三节　信息资源

信息资源是指人类社会信息活动中积累起来的以信息为核心的各类信息活动要素，如信息技术、设备、设施、信息生产者等的集合。信息资源对人们工作、生活至关重要，是国民经济和社会发展的重要战略资源。它的开发和利用是整个信息化体系的核心内容。

2017 年 5 月，国务院印发《政务信息系统整合共享实施方案》（以下简称《方案》），这是我国政务信息资源管理领域的重要里程碑事件，标志着长期困扰我国电子政务的信息资源难共享问题开始破冰。《方案》提出了加快推进政务信息系统整合共享、促进国务院部门和地方政府信息系统互联互通的重点任务和实施路径。《方案》明确了“五个统一”的工作原则、“两步走”的总体工作目标、加快推进政务信息系统整合共享的“十件大事”和保障各项任务取得实效的“七项措施”。

2017 年 6 月 30 日，国家发展改革委、中央网信办发布《政务信息资源目录编制指南》，进一步规范和细化了政务信息资源目录的组织编制、工作程序、审核管理、使用规范等方面的内容。该文件是进一步贯彻落实《促进大数据发展行动纲要》(国发〔2015〕50 号)、《政务信息资源共享管理暂行办法》(国发〔2016〕51 号)、《推进“互联网 + 政务服务”开展信息惠民试点实施方案》(国办发〔2016〕23 号) 等文件的落地性指导性文件，是指导各部门加快建立政府数据资源目录体系，推进政府数据资源的国家统筹管理的重要性文件。2017 年 8 月 18 日，国家发展改革委、中央网信办、中央编办、财政部、国家审计署发布《政务信息系统整合共享实施方案》，是进一步提升政府信息资源的利用水平和政务服务能力，推进“放管服”改革向纵深发展的指导性文件，《方案》核心目的是为了更好推动政务信息系统整合共享，“两步走”战略全面快速推进方案实施。此次方案致力于建设覆盖全国的“大平台、大数据、大系统”。2017 年 8 月 24 日，农业部发布《农业部政务信息资源共享管理暂行办法》，要求逐步建立“用数据说话、用数据决策、用数据管理、用数据创新”的管理机制，提高政务信息资源共享开放水平和行政效能，增强政府公信力，通过发挥政务信息资源共享的重要作用来推动深化改革、转变政府职能和创新政府公共管理工作。

第四节　信息技术

加快新一代信息技术发展，掌握核心关键技术是我国网信事业发展的重要基石。长期以来，我国一直十分重视信息技术发展。2017 年以来，国家出台多项政策文件，对加快信息技术领域发展做出了具体部署。

在人工智能领域，2017 年 7 月，国务院印发《新一代人工智能发展规划》，要求以人工智能技术突破来提升国家创新能力，推动世界科技强国建设步伐，通过人工智能产业带动经济产业结构的升级，以人工智能技术促进民生改善。以人工智能提升国防实力，保障和维护国家安全。《规划》为我国人工智能产业发展提出了“三步走”的战略目标，分别确定了到2020年、2025年、2030年我国人工智能产业的发展阶段性目标。2017年12月，工信部印发了《促进新一代人工智能产业发展三年行动计划（2018—2020年）》，对我国未来三年人工智能产业的发展进行了总体部署，提出要深度融合信息技术与制造业技术，以新一代人工智能技术的产业化推进和应用为重点，推动人工智能和产业经济领域的深度融合，加快推动建设制造强国和网络强国。

在工业信息技术领域，2017年11月27日，国务院发布《关于深化“互联网+先进制造业”发展工业互联网的指导意见》，提出增强工业互联网产业供给能力，持续提升我国工业互联网发展水平，深入推进“互联网+”，形成实体经济与网络相互促进、同步提升的良好格局。并提出分2025年、2035年和21世纪中叶“三步走”的目标。《指导意见》明确了建设和发展工业互联网的主要任务，特别提出加大关键共性技术攻关力度，提升产品与解决方案供给能力。明确了在2018—2020年三年起步阶段的发展目标。2017年12月29日，工业和信息化部关于印发《工业控制系统信息安全行动计划（2018—2020年）》的通知，提出了到2020年全系统工控安全管理工作体系基本建立，全社会工控安全意识明显增强的目标。对建设监测网络、资源库和仿真测试平台、信息共享平台、信息通报平台进行了整体部署。

在云计算和大数据技术领域，2017年3月30日，工业和信息化部印发《云计算发展三年行动计划（2017—2019年）》，提出到2019年，我国云计算产业规模达到4300亿元，在一些关键核心技术领域取得重大突破，云计算服务能力水平达到国际先进。云计算在制造、政务等领域的应用水平显著提升。云计算数据中心布局得到优化，使用率和集约化水平显著提升，绿色节能水平不断提高，新建数据中心PUE值普遍优于1.4。发布云计算相关标准超过20项，形成较为完整的云计算标准体系和第三方测评服务体系。云计算企业的国际影响力显著增强，涌现2—3家在全球云计算市场中具有较大份额的领军企业。云计算网络安全保障能力明显提高，网络安全监管体系和法规体系逐步健全。云计算成为信息化建设主要形态和建设网络强国、制造强国的重要支撑，推动经济社会各领域信息化水平大幅提高。

第五节 信息技术应用

信息技术应用体现了信息技术的重要作用，彰显信息化发展的成果，是信息化建设的主要目的之一。2017 年，我国政府、产业、社会各领域信息技术应用不断创新，取得了显著成效。2017 年 1 月 30 日，国务院办公厅印发了《关于创新管理优化服务培育壮大经济发展新动能加快新旧动能接续转换的意见》，提出利用新技术推进服务业转型升级，加快建设跨行业、跨区域的物流信息服务平台，提升仓储智能化水平和冷链物流服务水平，发展物流新模式，推动降本增效和创新发展。

在电子政务领域，信息技术应用成为政府改革的重要驱动。2017 年 12 月，国家互联网信息办公室、国家发改委会同有关部门联合印发《关于开展国家电子政务综合试点的通知》，确定在北京、上海、浙江、福建、陕西等基础条件较好的省（自治区、直辖市），开展为期两年的国家电子政务综合试点。《通知》支持试点地区利用云计算等技术，共建共享电子政务基础设施，实现计算资源、存储资源、服务支撑、安全保障等共性基础资源的集约共享。支持试点地区充分利用现有资源，构建逻辑集中的区域性电子政务平台，逐步实现集约建设和资源共享。

在产业领域，信息技术应用成为产业升级发展的重要支撑。2017 年 11 月 27 日，国务院发布《关于深化“互联网 + 先进制造业”发展工业互联网的指导意见》，提出加大关键共性技术攻关力度。开展新型网络互联技术研究，加快 5G、软件定义网络等技术在工业互联网中的应用研究。推动工业互联网标识解析关键技术及安全可靠机制研究。加快 IPv6 等核心技术攻关，促进新兴前沿技术在工业互联网中的应用研究与探索。

在社会信息化领域，信息技术创新应用成为提高社会公共服务和治理水平的重要途径。2017 年 1 月，教育部印发了《2017 年教育信息化工作要点》，提出深入推进信息技术与教育教学深度融合。针对不同信息化教学应用模式，试点组建若干区域、学校联盟。出版教育部第一批教育信息化试点优秀案例集，在基础教育领域培育形成 30 个区域和 60 个学校示范案例。2017 年 2 月农业部发布的《2017 年农业信息化工作要点》，提出要着力提升农业信息技术创新应用能力，推进农业农村大数据发展应用。继续推进试点工作，开展评估和经验总结，探索农业农村大数据建设的有效模式和途径。2017 年 5 月，国家卫计委发布了《关于征求互联网诊疗管理办法（试行）（征求意见稿）和关于推进互联网医疗服务发展的意见（征求意见稿）意见的函》，首先对互联网诊疗做了定义："就是利用互联网技术，为患者和公众提供疾病诊断、治疗方案、处方等服务的行为。"鼓励利用互联网技术实施预约诊疗，提供就诊提醒、划价缴费、结果查询、药品配送、信息咨询、健康教育等多种方式和多种途径的医疗服务，不断提高预约诊疗率，有效分流就诊高峰，使医疗服务更加便捷、高效，改善患者就医体验。支持利用互联网技术实现医疗费用即时结算、诊间结算。

第十五章　2017年地方信息化发展政策环境

第一节　网络安全

2017年，各省市高度重视网络安全，主要在政策法规和网络安全培训方面加大工作力度，努力营造安全有序的良好环境。

各地加紧制订和出台网络安全制度和应急预案，强化网络安全保障政策体系。2017年7月，河北省旅游发展委员会制定了《河北省旅游发展委员会网络与信息安全事件处置应急预案》,[①] 围绕组织体系、预防预警、应急预案、应急响应、保障措施、监督管理等方面，细化了具体的管理办法。2017年3月，湖南省教育厅印发了《2017年湖南教育网络安全和信息化工作要点》，提出建立网络安全监测预警体系，湖南省教育厅与公安等网络安全职能部门和网络安全企业合作，探索建立安全威胁信息共享的网络安全监测预警机制，建立网络安全通报机制，确保信息系统安全威胁及时处理和修复，加强"省市县校"四级教育网络安全管控体系建设，完成市州管控平台与省级平台对接。[②]

在网络安全培训方面，各地增强网民防范电信诈骗意识和辨识能力，加强网络安全教育培训和人才培养。4月，内蒙古鄂托克前旗经信局指导电信行业开展"五个一"网络安全宣传活动，在各电信各营业厅张贴网络安全宣传

---

① 河北省政府：《河北省旅游发展委员会网络与信息安全事件处置应急预案》，2018年7月6日，http：//info. hebei. gov. cn/eportal/ui？pageId＝2006420&articleKey＝6747370&columnId＝330514。

② 中国教育信息化网：《关于印发〈2017年湖南教育网络安全和信息化工作要点〉的通知》，http：//www. ict. edu. cn/laws/difang/n20170315_ 48609. shtml。

海报，普及网络安全知识，增强网络安全辨别能力及防御能力。[①] 在电子显示屏上不间断播放网络安全宣传标语，营造网络安全的宣传氛围，向手机用户推送网络安全公益短信，向居民发放《个人信息安全防护宣传册》，向居民展示电脑病毒木马入侵、钓鱼网站、电信诈骗等常见网络安全病症和防护措施，提高市民通信网络诈骗防范意识。[②] 7月，哈尔滨举行网络安全中国行2017网络安全技能实训，主要针对黑龙江重要政府部门、行业用户，开展面向新兴威胁的防护解决方案、网络安全维护等培训，提高网络安全工作人员的网络安全防护实践能力。[③]

第二节 基础设施

2017年，很多省市和地区在相关信息化政策文件中对基础设施做了具体的安排和部署，部分地方还制订了专门的信息基础设施建设文件。

四川省发布了“十三五”时期的信息化规划，提出建成高速、移动、安全、泛在的新一代信息基础设施，互联网省际出口带宽达40太比特每秒（Tbps），光纤入户用户占总宽带用户比率达88%，固定宽带家庭普及率达65%，移动宽带用户普及率达75%，行政村光纤通达率达到100%。4G网络全面通达，积极推动第五代移动通信技术（5G）商用，重点公共区域实现Wi-Fi全覆盖。宽带和通信资费水平不断降低，三网融合全省推广，物联网感知设施和云计算等数字基础设施趋于完善，网络安全保障体系进一步健全，网络安全综合管控能力明显提升。[④]

内蒙古在“十三五”信息化发展规划中提出，大力提升宽带骨干网络承

① 鄂托克前旗人民政府：《鄂前旗经信局指导电信行业开展“五个一”网络安全宣传活动》，http://www.etkqq.gov.cn/eqq2014/zwgk1/gzdtxb/201704/t20170411_1923582.html。

② 鄂托克前旗人民政府：《鄂前旗经信局指导电信行业开展“五个一”网络安全宣传活动》，http://www.etkqq.gov.cn/eqq2014/zwgk1/gzdtxb/201704/t20170411_1923582.html。

③ 经济视野网：《网络安全中国行2017网络安全技能实训在哈尔滨举行》，http://www.sohu.com/a/157727404_531786。

④ 四川省人民政府：《关于印发〈四川省“十三五”信息化规划〉的通知》，http://www.xichong.gov.cn/show/2018/03/14/52474.html。

载能力，加快宽带骨干网络速率提升和结构优化，扩大出口带宽。丰富完善省际干线光缆传输网络路由。加快互联网骨干节点升级，争取将呼和浩特列入国家级互联网直连点，提升网络流量疏通能力。全面推动IPv6大规模部署。建成城乡一体的数字化、双向化广电网络。优化数据中心空间布局，提升数据计算、存储和智能处理能力，推动数据中心的规模化、集约化、节能化、绿色化，打造国家级云计算数据中心基地及灾备中心。着力推进城市光纤改造和农村牧区宽带网络建设。大力推进城市公益性和商务类场所的光纤宽带接入，持续提升光接入网的承载能力和覆盖能力。促进光纤宽带网络和3G、4G、5G及WLAN（无线局域网）等无线网络协调发展。进一步加大农村牧区宽带网络设施建设力度，着力推进老、少、边、穷地区及军地的宽带网络建设。①

河南省发布了“十三五”时期的信息化发展规划，提出实施信息基础设施投资倍增计划，进一步提升网络覆盖接入能力。加大移动通信网络基础设施建设力度，加快4G网络向乡镇和行政村延伸，实现4G网络行政村全面深度覆盖，推进主要公共场所无线网全覆盖，提升网络访问速率和质量。积极申请国家5G（第五代移动通信技术）试验网建设，适度超前布局5G网络。加快下一代互联网大规模商用，推动IPv6改造和建设。充分发挥郑州国家级互联网骨干直联点作用，扩大直联点疏通覆盖范围，推进省域传输网络技术改造和扩容升级，积极参与国家互联网骨干网络架构优化调整，建设通达世界、国内一流的现代信息通信枢纽。统筹推进全省公共数据中心、北斗区域数据中心建设，搭建产业云平台，为企业提供基础设施即服务、平台即服务、软件即服务等应用。②

江苏省出台了专门的基础设施建设文件。江苏省发布《省政府办公厅关于切实加快信息基础设施建设若干政策措施的通知》（苏政办发〔2017〕145号），加快推进新一代信息基础设施建设，着力构建宽带、融合、泛在、共享、安全的信息基础设施网络，促进网络强省、数据强省、智造强省和智慧

① 内蒙古自治区人民政府：《关于印发〈内蒙古自治区信息化发展“十三五”规划〉的通知》，http：//www. nmg. gov. cn/xxgkml/zzqzf/gkml/201702/t20170224_ 600099. html。

② 河南省人民政府办公厅：《关于印发〈河南省“十三五”信息化发展规划〉的通知》，https：//www. henan. gov. cn/2017/02－06/248727. html。

江苏建设。该文件提出编制发布信息基础设施空间布局规划、切实简化铁塔基站建设审批手续、逐步降低基础运营企业租赁信息管道成本、加快落实信息基础设施用电扶持政策、加快推动信息基础设施拆迁改建补偿到位、切实降低信息基础设施进入公共区域成本、加快推广光纤宽带网络和终端普及应用、积极做好组织协调和政策落实工作等八项具体措施。①

第三节 信息资源

各地对于信息资源的开发利用，尤其是政务数据开放共享迈出了坚实步伐。

广东省印发了《广东省政务信息系统整合共享工作方案》，提出完善“开放广东”全省政府数据统一开放平台建设，基于全省政务信息资源目录体系，构建公共信息资源开放目录，推动政府部门和公共企事业单位将原始、可机读、可供社会再利用的数据向社会开放。推进企业监管、市场监管、质量安全、节能降耗、食品安全、安全生产、工业农业、商贸流通、财税金融、旅游服务、公共资源交易项目立项与核准等社会治理和交通运输、社保就业、环境保护、医疗健康、教育、文化、旅游、城建住房、科技创新、食品药品、气象服务、地理空间等民生服务重点领域的政府数据开放。2017 年 12 月底前，依托“开放广东”平台开放 250 个以上数据集，形成 20 个以上数据应用。2018 年 12 月底前，开放 350 个以上数据集，形成 30 个以上数据应用。②

新疆编制了《加快推进落实新疆自治区政务信息系统整合共享的工作方案》和《关于加快推进编制自治区政务信息资源共享目录相关工作的函》，敦促全区 94 家委办厅局单位完成信息系统自查、清理、整合工作，并制定政务信息资源共享目录，为新疆政务信息系统整合共享工作打好基础。截至 2017 年 12 月，新疆维吾尔自治区发展改革委完成了对 60 多家厅局单位的资源清

---

① 江苏省人民政府：《省政府办公厅关于切实加快信息基础设施建设若干政策措施的通知》，http：//www. jiangsu. gov. cn/art/2017/12/22/art_ 46144_ 7102003. html。

② 《广东省人民政府办公厅关于印发〈广东省政务信息系统整合共享工作方案〉的通知》，http：//zwgk. gd. gov. cn/006939748/201711/t20171110_ 730740. html。

理整合及目录编制指导，已收集32家厅局单位的自查报告，整理完毕4个厅局的资源共享目录，上报全国政务信息共享网站及自治区发展改革委、自治区农业厅、自治区高级人民法院、自治区通信管理局等部门的共32类政务信息资源目录。①

西藏印发了《西藏自治区政务信息系统整合共享实施方案》，提出推动重点领域信息共享，加快建设自治区电子政务外网数据共享交换平台，开展政务信息共享试点示范，促进重点领域信息向各级政府部门共享。依托自治区电子政务外网数据共享交换平台，初步提供公民、社会组织、企业、事业单位的相关基本信息，同时逐步扩大信息共享内容，完善基础信息资源库的覆盖范围和相关数据标准，优化便捷共享查询方式。组织各部门推进本部门政务信息系统向自治区电子政务外网迁移，对整合后的政务信息系统和数据资源按必要程序审核或评测审批后，统一接入自治区电子政务外网数据共享交换平台。2017年12月底前，实现信用体系、公共资源交易、投资、价格、自然人（基础数据以及社保、民政、教育等业务数据）、法人（基础数据及业务数据）、能源（电力等）、空间地理、交通、旅游等重点领域数据基于全区政务信息共享网站的共享服务。②

海南出台了《海南省政务信息整合共享专项行动实施方案》，提出建设完善基础信息数据库。2018年6月底前，建成全省统一的人口、法人、自然资源、空间地理、电子证照、社会信用信息、房地产、公共视频等基础信息数据库并及时更新，依托省信息共享交换平台，统一为各部门提供共享服务。推动公共信息开放，建设公共数据开放网站，2018年6月底前，制定政务信息资源开放计划，基于政务信息资源目录体系，省各部门、各市县政府完成公共信息资源开放目录制定，并提交省工业和信息化厅审核汇总。建设公共数据开放网站，推动政府部门和公共企事业单位数据集向社会开放，在信用、交通、医疗、卫生、就业、社保、地理、文化、教育、科技、资源、农业、环境、安监、食品药品监管、金融、质量、统计、气象、企业登记监管等涉

① 新疆维吾尔自治区信息中心：《新疆维吾尔自治区政务信息资源整合共享交换平台建设工作稳步推进》，http://www.sic.gov.cn/News/463/8736.htm。

② 西藏自治区人民政府：《西藏自治区人民政府办公厅关于印发〈西藏自治区政务信息系统整合共享实施方案〉的通知》，http://www.xizang.gov.cn/zwgk/xxgk/201801/t20180116_152721.html。

及民生领域的政务数据，应当优先向社会开放。通过公共数据开放网站、政府门户网站等渠道，收集社会公众对政务数据开放意见，改进政务数据开放工作，数据开放在重点领域取得突破。建立政府与社会数据应用互动机制，推动数据授权应用，鼓励和引导社会化开发利用。①

贵州发布了《贵州省大数据发展领导小组关于印发〈推广“块数据”促进数据共享开放〉的通知》（黔数据领〔2017〕9号），提出将基于云上贵州系统平台，打造各市（州）、贵安新区“块数据”，形成服务于全省的“块数据”资源池。各市（州）、贵安新区与省直各部门非涉密政府应用系统全部接入云上贵州系统平台，统一通过云上贵州数据共享交换平台进行数据共享交换，数据资源目录全部上架，绿色数据全部开放。打造省级“块数据”资源池，完善人口、法人单位、自然资源和空间地理、宏观经济四大基础信息共享数据库，实现政府数据共享交换平台和数据开放平台省市全覆盖，省级数据共享交换平台与国家数据共享交换平台互联互通。通过对“块数据”的挖掘、分析，探索新应用，为大数据发展创造新动能，为政府治理积累新经验，基本形成“块数据”体系，为国家大数据发展提供新探索，建成一批政府治理和民生服务“块数据”典型应用。②

云南省出台《云南省人民政府办公厅关于重点行业和领域大数据开放开发工作的指导意见》，提出积极探索行业领域大数据开放开发模式，重点行业和领域大数据面向全社会开放。行业主管部门通过公开招投标方式确定投资主体，授权、委托并指导投资主体，联合行业领域数据资产所有者及技术、资本、应用服务等有关合作伙伴，按照市场化运作方式，组建行业大数据平台公司。平台公司负责投资建设行业大数据基础设施，承担行业大数据资源整合汇集、生产加工、数据管理、开放开发、交换交易、产业生态构建等工作。平台公司在一定期限内享有行业大数据集中整合、交换开放的独家经营权，承担行业数据共享交换平台和统一开放平台的职能。建立和完善数据资

① 海南省人民政府：《海南省人民政府关于印发〈海南省政务信息整合共享专项行动实施方案〉》的通知（琼府〔2017〕77号），http://www.hainan.gov.cn/hn/zwgk/zfwj/szfwj/201710/t20171012_2444031.html。

② 云上贵州：《省大数据发展领导小组关于印发〈推广“块数据”促进数据共享开放〉的通知》，https://www.gzdata.com.cn/c70/20170515/i911.html。

产经营管理体系，数据具有资产属性，行业主管部门要积极探索将数据所有权、经营管理权、使用权“三权”分离的具体措施和办法，建立数据资产评估、评价、资产标注、数据标签等生产管理环节的市场化体系，完善大数据资产管理体系。信息化主管部门要完善数据交换体系，培育数据交易市场，推动数据交换和交易。鼓励数据资产所有权人通过授权、交换、交易和合作等多种形式，将自有数据按照市场化原则、隐私保护和数据安全等法则，授权或委托行业大数据平台公司开发、开放和利用。规范行业大数据开放标准和流程，行业主管部门参照云南省政务大数据开放标准体系制定行业大数据采集、管理、共享、交换、交易及技术标准规范。①

第四节　信息技术

2017年，全国各地对信息技术自主化重要性的认识逐渐增强，纷纷出台相关文件，加快信息技术创新。

上海市发布了《上海市推进信息化与工业化深度融合“十三五”发展规划》（沪经信推〔2017〕275号），提出开展核心信息技术突破工程。一是加快工业电子技术研发与产业化。加快高性能关键智能部件，如高端嵌入式可编程控制系统（PLC）、智能精密测量仪器、精密减速器、伺服电机及驱动器、控制器、变频器等的研发，实现工程化与产业化应用；突破一批物联网关键技术，聚焦支持微型和智能传感器、短距离通信、智能系统等领域的关键技术研发和产业化；加强新型传感器、智能控制器件、物联网等的集成应用。二是发展壮大工业软件产业。以嵌入式操作系统、实时数据库、工程中间件以及面向移动互联网的新一代基础软件为重点，加大基础软件的研发及产业化，增强基础软件的成熟度、可靠性和安全性，打造安全可控工业基础软件产业链生态系统；围绕数字化研发设计、分析仿真、检测检验、生产管控、监管维保等，形成智能化、集成化的行业应用软件解决方案；巩固已有

① 云南省人民政府：《云南省人民政府办公厅关于重点行业和领域大数据开放开发工作的指导意见》，http：//www. yn. gov. cn/yn_ zwlanmu/qy/wj/yzbf/201707/t20170705_ 29838. html。

领域优势，突破工业软件关键技术，形成支持产品全生命周期管理与产业链上下游企业协作的工业软件产品和服务；加快推进工业以太网、短距离无线通信等新一代物联网设备、技术研发与产业化；支持非关系型数据库、分布式数据存储、虚拟化、海量数据处理等关键技术研发，形成自主、可靠、完整的云计算和大数据软硬件产品链。①

北京市印发了《北京市加快科技创新发展新一代信息技术产业的指导意见》，提出提升集成电路自主发展能力，实现核心设计技术创新突破。提升北京市集成电路设计业的规模和水平，建设一批产业先进技术研发平台和技术创新服务平台，在高端通用核心产品、工业控制、前沿新兴领域实现关键技术突破。提升装备材料自主配套能力，推进集成电路装备关键技术研发，支持基于国产先进装备的中试线、生产线建设，提升零部件和关键材料本地化配套能力。推进光刻机光学系统等核心部件研发及产业化。支持装备骨干企业并购重组国际国内相关企业。构建层次化、系统化人工智能技术体系。加快深度学习、强化学习等原型算法研究。支持现场可编程门阵列（FPGA）、图形处理器（GPU）、神经网络处理器（NPU）等芯片研发，突破机器视觉、语音识别、人脸识别、生物特征识别等应用技术，提升雷达探测、生物传感、动作捕捉、情绪识别等传感能力。突破大数据共享开放关键技术，开发面向数据收集、整理、标注、清洗、融合和分析等应用的数据处理工具。突破云计算关键核心技术，构建具备通用计算、可重构计算、异构计算能力的高性能云平台，重点解决人工智能等高性能技术问题。促进物联网发展，加快智能芯片、传感器的普及运用，推广边缘计算，满足行业数字化在敏捷连接、实时业务、数据优化、应用智能、安全与隐私保护等方面的需求。重点增强海量、高维度、异构数据的高效、安全云存储服务供给能力，研发具备语义、语音、图像、视频、生物特征等功能的新型智能云服务技术。②

山西省出台《山西省云计算发展三年推进计划（2017—2019）》，提出提

① 上海奉贤区企业服务信息互动平台：《市经济信息化委关于印发〈上海市推进信息化与工业化深度融合“十三五”发展规划〉的通知》，http：//www.67156715.gov.cn/index.php？m = content&c = index&a = show&catid = 231&id = 21348。

② 北京市科学技术委员会：《北京市加快科技创新发展新一代信息技术产业的指导意见》，http：//www.bjkw.gov.cn/art/2017/12/26/art_366_41707.html。

升云计算软件开发能力，推动山西省云计算软件开发，鼓励软件企业开展云计算业务，利用软件开发云等手段提升软件产品开发能效。注重软件产品服务，推动传统软件企业向云计算领域转型。鼓励软件企业与通信运营商、云服务提供商加强合作，重点开发云计算模式下的办公辅助、公共管理、行业应用和终端服务等软件服务产品。大力发展商业化运营的数字音乐、网络视频、网络游戏等数字娱乐软件，医疗、卫生、健康、教育等领域云服务软件，并推动软件产品的终端化、标准化，提升软件企业的市场竞争能力。加强云计算平台建设，以各类应用平台为端口，打通云计算服务提供方与应用市场的交互渠道。加强云系统、云存储、云管理、云安全等关键技术的研发和应用，发展云计算存储平台、计算平台、资源管理平台、综合服务平台等。加强新一代海量信息搜索、智能数据挖掘等技术研发和应用，建设“环保云”“交通云”“警务云”“煤炭云”“物流云”等行业云平台。充分发挥云计算中心对城市规划、市政管理、应急指挥等方面的支撑作用，推动城市管理、公共事业、社会保障等领域云服务平台建设。①

安徽省发布的《人工智能产业发展规划（2017—2025）》（征求意见稿），明确提出重点突破类脑芯片、核心算法等关键技术。加强人工智能芯片的研发与应用。依托国家类脑智能技术及应用国家工程实验室，整合中国科学技术大学、复旦大学、中国科学院沈阳自动化研究所、中国科学院微电子研究所和百度公司的科研能力，突破脑认知与神经计算、类脑计算系统、类脑芯片和类脑芯片系统等人工智能关键技术。并以类脑芯片为基础，重点开发基于类脑芯片的人工智能系统以及智能化机器人。建立基于类脑芯片的应用开发平台，用开放的平台吸引更多行业开发者，推动基于类脑芯片的人工智能应用的发展。依托中科大、合工大、科大讯飞在人工智能和大数据核心算法方面的研发基础，推动类脑对话机器人、机器视觉、图像识别、语音情感和大数据智能等基础支撑算法开发。加深对语言、声音、图像的综合计算分析，挖掘背后的语境、情感和面部表情等深层次内容。利用高性能计算、大数据等技术手段，推动基于感知数据、多媒体、自然语言、情感交互等大数据的

① 山西省经信委网站：《〈山西省云计算发展三年推进计划（2017—2019）〉出台》，https://www.gzdata.com.cn/c71/20171127/i4031.html。

深度学习技术研发。支持国家工程实验室、国家工程（技术）研究中心等创新平台建设，推动人工智能基础理论和算法研究。重点关注大数据智能理论的突破，重点突破无监督学习、综合深度推理等难点问题，建立数据驱动、以自然语言理解为核心的认知计算模型，形成从大数据到知识、从知识到决策的能力。注重人工智能技术与行业数据的整合，将医疗、公共安全、交通等领域的行业数据接入到人工智能平台，针对特定行业进行模型的深度训练和算法的持续优化。①

浙江省发布了《浙江省新一代人工智能发展规划》（浙政发〔2017〕47号），提出突破核心关键共性技术的任务，研究知识计算引擎与知识服务技术，实现对知识持续增量的自动获取；研究跨媒体计算核心技术，实现跨媒体知识表征、分析、挖掘、推理、演化和利用；研究群体智能关键技术，实现基于群智感知的知识获取和开放动态环境下的群智融合与增强；研究混合增强智能新架构与新技术，构建自主适应环境的混合增强智能系统及支撑环境；研究面向复杂环境的自主无人系统共性技术，支撑无人系统应用和产业发展；研究虚拟现实智能建模技术，实现虚拟现实、增强现实等技术与人工智能的有机结合和高效互动；研究突破类脑计算芯片，实现具有多媒体感知信息理解和智能增长、常识推理能力的类脑智能系统；研究自然语言处理技术，推进人类与机器的有效沟通和自由交互，实现多风格多语言多领域的自然语言智能理解和自动生成。②

第五节　信息技术应用

2017 年，信息技术应用领域不断拓宽，各地重点在电子政务、智能制造、智慧城市等方面不断深入。

① 安徽省发展和改革委员会：《关于向社会公开征求安徽省人工智能产业发展规划（2017—2025年）意见的公告》，http://www.ahpc.gov.cn/zwgk/zwgk_content.jsp?newsId=95BDD65A-2476-4002-98F5-63AB3DAE5652。

② 《浙江省人民政府关于印发〈浙江省新一代人工智能发展规划〉的通知》，http://www.jinhua.gov.cn/11330700002592599F/02/sfwj/201712/t20171227_1830580_1.html。

在智能制造方面。江西省出台了《关于加快推进人工智能和智能制造发展若干措施》（赣府厅发〔2017〕83号），明确人工智能和智能制造主攻领域。人工智能产品，重点发展智能软硬件、智能机器人、智能运载工具、虚拟现实与增强现实、智能终端、物联网基础器件等。智能制造装备，重点发展高档数控机床、3D打印、智能仪器仪表、智能电网、智能工程机械、智能环保设备等智能化专用设备。人工智能和智能装备应用，重点在生物医药、纺织服装、电子信息、汽车等领域建设智能工厂、数字化车间，在食品、机械、建材、有色、轻工等行业组织实施“机器代人”。推动人工智能与农业、旅游、物流、金融、商务、家居等行业融合创新，支持人工智能在教育、医疗、养老、城市管理、公共服务、公共安全等领域深度应用。人工智能和智能制造服务，重点发展面向人工智能和智能制造的生产性服务业，提供智能系统的方案设计、工程实施和综合集成服务。促进人工智能和智能制造产业集聚，在首批省级智能制造产业基地的基础上，“十三五”期间，重点打造10个人工智能和智能制造产业基地，支持打造南昌世界级VR中心、鹰潭全国物联网产业基地，由省级财政对每个产业基地安排1000万元用于公共平台建设。对入驻人工智能和智能制造产业基地的企业租用标准厂房，各产业基地应给予适当的租金补贴支持。① 贵州省印发了《智能贵州发展规划（2017—2020年）》（黔数〔2017〕69号），提出大力发展智能制造，推动工业云智能化应用，升级贵州工业云，面向国防工业、装备制造、轻工食品等行业开展云制造资源服务，推进生产服务众包，优化生产资源配置。依托贵州工业云等平台，实施重点行业网络协同制造示范工程，通过开展装备、化工、医药等优势领域协同制造，实现行业上下游产业链、供应链协同网络化，构建智能制造网络化协同服务生态圈，带动提升全省网络化协同制造水平。开展工业大数据平台建设，打造一批“工业大脑”，推进在质量诊断、产品检测、供应链等领域工业大数据应用。加快推动贵州工业云商业化应用，完善贵州工业云公共服务能力建设，打造“企业云超市”，为工业企业提供“端、网、云”智能连接应用的专家资源、云资源、云软件和智能制造解决方案，

① 《江西省人民政府办公厅印发〈关于加快推进人工智能和智能制造发展若干措施〉的通知》，http：//xxgk. jiangxi. gov. cn/bmgkxx/sbgt/gzdt/zwdt/201710/t20171012_ 1400019. htm。

以及工业品供需交易、产能供需交易、工业大数据分析应用等云服务。[①]

在电子政务方面。湖南省印发了《湖南省电子政务“十三五”规划(2016—2020年)》(湘政办发〔2017〕11号),明确要加快基础设施集约建设。加强政务网络、电子政务外网云平台的统筹规划和集约建设,形成全省统一、安全可靠的电子政务网络和互通共享的省市两级电子政务外网云平台,各级政务部门依托统一的电子政务网络和统一云平台开展电子政务应用。提升政府公共服务水平。按照简政放权、放管结合、优化服务原则,从社会需求侧加强公共服务创新,建设“互联网+政务服务”体系。强化政府现代治理能力。从政府供给侧加强政务治理创新,强化信息技术的支撑能力,创新监管方式,提升监管效能,努力提升政府治理体系和治理能力现代化能力。加快推动政务信息资源的共享开放。加强顶层设计和系统规划,落实《政务信息资源共享管理暂行办法》,全面提升信息采集、处理、传输、利用、共享能力,建立政务信息资源体系,释放数字红利。促进政务大数据应用发展。依托电子政务外网云平台和政务信息资源体系,建设政务大数据平台,支撑政务数据采集、治理、存储、转换、共享、处理、开放、智能分析和应用,支持互联网数据、企业公共数据等海量数据的采集存储和分析应用。[②] 安徽省发布了《安徽省“十三五”信息化发展规划》(皖政〔2017〕86号),提出“互联网+”政务服务行动,开展安徽省统一电子政务平台建设,推动电子政务数据中心集约化发展,构建省市两级政务内网云和政务外网云平台,推进省、市、县三级标准统一、资源共享、业务协同的电子政务平台建设。大力推进政府权力清单运行平台、公共资源交易监管平台、公共信用信息共享服务平台和涉企收费监管平台建设,强化政府权力全流程网上公开运行,形成网上服务与实体大厅服务、线上服务与线下服务相结合的一体化新型政府服务模式。提升政务公开水平。加快政府信息公开网和政府网站平台整合,推进政府网站集约化建设,全面提升政府网站在政府信息公开、引导公众办事、公众互动交流、回应群众关切等方面的作用。实施政务领域信息惠民工程。

① 云上贵州:《〈智能贵州发展规划(2017—2020年)〉发布》,https://www.gzdata.com.cn/c70/20171025/i3457.html。

② 《湖南省人民政府办公厅关于印发〈湖南省电子政务“十三五”规划(2016—2020年)〉的通知》,http://www.wugang.gov.cn/art/2017/10/18/art_144_302187.html。

加快推进社会保障、精准扶贫、公共安全、社会信用、市场监管、住房保障、食品药品安全、安全生产监管、医疗卫生、国民教育、劳动就业、养老服务、税收征管、环境保护等职能部门重点业务应用系统建设。依托电子证照体系和统一身份认证体系，推进政府公共服务信息资源的汇聚共享和跨部门的协调联动，拓展网络服务新模式，实现政务服务事项跨部门、跨区域、跨层级的“一号申请、一窗受理、一网办理”，提升公共服务水平。实现网络问政常态化。发挥百姓热线、网络信箱、网络留言、政务微博、政务微信等平台作用，建立健全网民意见办理运行机制，密切政府和群众的关系。充分依托博客、微博、微信、网上社区等形式，构建起重视网络舆论、回应社会关切、提供主动式公共服务的虚拟社会管理体系和管理模式。①

在智慧城市方面。石家庄市出台了《石家庄市推进智慧城市建设行动计划（2017—2019年）》（石政发〔2017〕23号），以深化智慧应用为主线，提升城市管理和服务水平，构建智慧产业生态体系，着力打造全国一流智慧城市，努力建设现代省会、经济强市。在智慧交通方面，石家庄将建设交通智能诱导系统，有效提升道路通行能力，建设重点车辆监管系统，预防重特大道路交通事故发生，建设交通运输指挥中心，实现交通运行监测、风险预警分析等功能。在智慧健康方面，整合石家庄市医疗健康、社区养老和体育健身数据资源，构建石家庄“健康云”，面向居民、医院、健康管理和体育健身服务机构提供医疗、养老和健身信息服务。在智慧城管方面，以现有数字城管系统为基础，构建智慧城管综合监管服务平台，全面整合市容市政、路灯亮化、城市排水防汛等单一系统，实现互联互通、动态监管、信息共享、辅助决策，打造集感知、分析、服务、指挥、监察“五位一体”的智慧城管体系。建设火车站站前地区指挥平台，实现场景监控、违法停车自动抓拍以及车辆定位、人员定位、3D可视化。开展智慧灯杆一体化试点建设，实现充电桩、通信基站、视频监控、定位报警、流量检测等多种功能。在智慧治安方面，加快推动“雪亮工程”，建设视频资源共享平台、综治视联系统、社会视频互联网应用平台、综治视联信息管理平台，整合政府和社会视频资源，建

---

① 《安徽省人民政府关于印发〈安徽省“十三五”信息化发展规划〉的通知》，http://xxgk.ah.gov.cn/UserData/DocHtml/731/2017/6/13/812721035870.html。

立常态化社会综合治理体系，实现“全域覆盖、全网共享、全时可用、全程可控”的目标，最大限度地服务于政府部门和社会公众，提高社会治理能力和社会治安防控能力。[①] 湖南省印发了《湖南省电子政务“十三五”规划（2016—2020年）》（湘政办发〔2017〕11号），明确提出要推进智慧城市建设和发展，按照国家要求，结合国家智慧城市建设、信息惠民、下一代互联网等试点，理清城市发展的目标导向、问题导向和需求导向，突出城市发展定位、战略定位和功能定位，统筹基础设施、应用承载、资源开发、安全保障等项目建设，推进市州、县市区智慧城市建设，建设市州级电子政务云和政务大数据平台，构建公共服务体系，打造城市管理平台，重点开展民生服务、政务服务、公共安全、市场监管、智能交通、智能安防、环境管理等领域的应用。[②]

① 中共中央网络安全和信息化委员会办公室：《〈推进智慧城市建设行动计划（2017—2019年）〉出台，打造智慧城市“云”上石家庄》，http：//www. cac. gov. cn/2017 -06/14/c_ 1121142936. htm。

② 《湖南省人民政府办公厅关于印发〈湖南省电子政务“十三五”规划（2016—2020年）〉的通知》，http：//www. wugang. gov. cn/art/2017/10/18/art_ 144_ 302187. html。

热 点 篇

第十六章　2018 年中国数字经济热点事件

第一节　网联平台横空出世

2017 年 8 月 4 日下午，央行支付结算司印发了《中国人民银行支付结算司关于将非银行支付机构网络支付业务由直连模式迁移至网联平台处理的通知》，给网络支付业务带来一场天翻地覆的变化，明确要求非银行支付机构网络支付业务由直连模式迁移至网联平台处理。央行推出网联平台的主要目的就是加强对第三方支付机构资金流向的监管，对迅速发展的移动支付做出规范。

网联平台的推出是中国数字经济飞速发展的内在要求。当前，移动支付给人们的生活带来了很多便捷，其中典型的代表是支付宝和微信，已经走进了千家万户，覆盖了人们生活的方方面面。移动支付的普及和流行，让中国正在进入一个无纸质现金的网络数字金融新时代，第三方支付平台已经发展成为金融的重要组成部分。之前的第三方网络支付机构采用的是与银行直连的模式，央行看不到第三方支付的完整的资金转移链条，对于移动支付的监管十分薄弱。在这样的背景下，央行推出网联平台，意图加强对于第三方机构资金流向的监测，提供统一的资金清算服务，规范第三方支付机构从事的支付业务。网联平台的作用相当于在之前第三方支付的消费行动中加入了一个中间人，以支付宝为例，支付宝在接收到付款信号之后，就会向网联平台发起协议支付，网联平台保存相关交易数据，再将请求发送到对应的银行，银行根据信号成功扣款，同时反馈给网银，网联平台保存记录再把信号传输给支付宝。网联的存在看似给收付款的过程增添了烦琐的程序，其实只是在交易中作为信息的中转站，多了传递信号、保存相关交易信息两步。网联平台的横空出世意味着第三方支付机构天马行空、我行我素的时代开始终结，它们将被一个巨大的网“罩住”，从此开始被央行“穿透式监管”，支付宝、财付通等第三方支付机构的每笔转账交易，都将被央行看清楚。

设立网联平台，实现了资金清算透明化、集中化运作，有效遏制了支付机构与商业银行多头、直接连接处理支付业务时导致的资金流向不透明、清算秩序混乱等问题。该平台将为支付机构提供统一、公共的资金清算服务，提高资金清算效率，降低中小支付机构运营成本，促进公平竞争格局的形成，同时将提高清算透明度，有利于建立健全反洗钱和反恐怖融资监测机制，保障客户资金安全。

网联平台上线对于消费者、第三方支付机构以及央行各方都有积极意义。首先，对于央行来说，掌握了庞大的交易数据。当今社会，数据越来越成为一种重要的资源，之前的直连模式中，交易数据由第三方支付机构掌握，客观上可能会产生数据寡头的现象，带来数据垄断。一旦第三方支付机构垄断数据，将会出现难以突破的数据壁垒，容易产生所谓的“数字鸿沟”问题，形成“信息孤岛”。网联的成立，是国家重拳净化金融环境，建立中国新信用体系的第一步，杜绝了支付宝、财付通等机构垄断，形成数据寡头的可能。随着移动支付最终消灭了现金和银行卡刷卡，所有交易行为都被电子化，网联将成为一个金融数据巨无霸，它的商业化道路会非常有想象空间。其次，对于第三方支付机构来说，网联拉平了第三方支付公司的银行端对接能力。在之前的银行直联模式当中，每一家第三方支付公司对于银行接口费用的谈判能力差别很大，如支付宝、财付通等大型支付机构，由于此前的业务量大，在与银行谈判与合作中，常常占据有利地位。网联出台后，让这种差异化缩小，支付机构不与银行直接对接，大型支付机构这一块的议价优势会有所削弱。小型支付机构则相应获得更为平等的竞争机会，可以预见会有一个统一的梯度报价出现。网联出现使得费率差时代终结，大家回归到拼产品和服务能力，也减轻了很多第三方支付公司银行渠道方面的成本投入，碎片化竞争得以持续。对于消费者来说，网联平台是对清算体系的改革，因为支付方式没有改变，对于前端用户的使用并没有影响，在支付上基本不会有什么变化。但是，由于央行加入监管，无形中给消费者增加了安全保障，确保了资金流转的合理合法，保护消费者权益。

第二节　紧急叫停ICO交易

在经历了春夏两季疯狂估值和快速融资的势头之后，中国政府于2017年9月4日紧急叫停初始代币发行（ICO，区块链初创项目在区块链平台上发行项目独有的加密代币，投资者通过使用指定的数字货币以购买代币的方式为项目进行众筹融资的行为）交易。中央网信办、工业和信息化部、国家工商总局等七部委发布公告，要求从此公告发布之日起，各类代币发行融资活动应当立即停止。已完成代币发行融资的组织和个人应当做出清退等安排，合理保护投资者权益，妥善处置风险。

代币发行融资是指融资主体通过代币的违规发售、流通，向投资者筹集比特币、以太币等所谓的“虚拟货币”。代币或“虚拟货币”不具有货币属性，不具有与货币等同的法律地位，其中最典型代表的就是比特币。比特币的火热是有目共睹的，2009年，比特币才刚刚出现的时候，一美元可以兑换1300枚比特币，而到2017年1月，一枚比特币的价格已经达到了5000元人民币，之后猛涨升，突破了3万元人民币的大关。而正是在比特币疯长的示范效应下，很多投资者开始炒作这些“代币”，其中不乏大量涉嫌从事非法的金融活动，严重扰乱了经济金融秩序。央行联合七部委发表声明，制定的监管政策十分严格，这个政策确实相当于“一刀切”，基本取缔ICO业务。ICO的泡沫蕴藏着巨大的风险，不少投机取巧者卷入其中，所以被纳入监管的框架并不令人意外。

监管层叫停ICO有着净化金融市场环境的意义。对于多数投资者来说，该类融资项目的风险很大，市场上的爆炒以及各种融资陷阱更是加剧了市场风险，严重损害投资者的利益。目前，市场上的虚拟货币已达到上千种，并且不断增多，很多投资者只看到了市场上的财富效应，却没有掌握开源，去中心化等区分数字货币真伪的标准，甚至不乏有些投资者，仅仅想通过投机取巧的方式获得利益。在这种情况下，监管部门仅仅提示风险收到的效果微乎其微，叫停ICO也是在金融监管体制不完善时的一种举措。

代币的盛行也是我国金融乱象的一种体现，究其原因，是我国金融体制不完善，国民投资渠道过窄。相信在国家严格把关之下，金融科技优化传统金融的机会和趋势都是确定可期的，未来的金融市场会更加趋向于风险可控，充满活力。

第三节　无人店引领“新零售”

2017 年 7 月 8 日，第二届淘宝造物节于杭州国际博览中心开幕。在展览中，有一家集购物与餐饮于一体的无人店铺吸人眼球。这家名为“淘咖啡”的无人零售店是阿里系正式推出的新型零售模式。

作为阿里旗下的“淘咖啡”并不是第一个涉足无人店的尝鲜者，早在 2016 年的 12 月，Amazon Go 无人便利店就在西雅图开张，旨在实现“即拿即走、免排队”的购物体验。虽然最后由于技术问题，未能实施，但是 Amazon 属于第一个涉足无人店的探索者。在此之后，各企业、商家纷纷将目光转向了新零售这个风口。2017 年 2 月，深蓝科技就联合芝麻信用推出 Take Go，6 月初，缤果盒子（BingBox）无人零售店在欧尚、大润发等大型超市开始试运营。

传统零售盈利空间越来越小。从零售行业 2000 年以来的净利率来看，百货、超市、连锁细分行业的销售净利率均处于下降通道，2016 年销售净利率分别为 3.03%、1.45%、2.16%，盈利空间已经非常有限。零售行业的竞争是充分且同质化的，因此除产品价格和质量之外，消费者最强调的是购物体验。传统零售效率受制于人工，用户体验差，而无人零售商店的运营效率和客户体验都将有较大提升，这对传统的零售行业将产生巨大的冲击。在劳动力成本不断上涨的时代，亚马逊、阿里巴巴等新先行者很有可能成为零售业游戏规则的变革者。

无人零售现已成为零售变革中比较火热的领域，传统零售企业以及线上零售电商都纷纷准备进军，其火爆的背后有着重要的背景因素。首先，智能技术的飞速发展及移动支付的普及，让无人化智能运营成为可能，在降低人工运营成本，增加效率的同时，还提升了购物体验。其次，投资资本的青睐成为无人零售发展的动力。据不完全统计，2017 年全年共有 30 家无人零售企业获得融资，其中有13家企业明确公布了融资金额，总额达到57亿元，获得过亿融资的企业也不在少数。2017年3月，每日优鲜C+轮融资中，获得老虎基金和元生资本等共计2.3亿美元投资；同年6月，友宝在新三板上市时获得海尔投资和凯雷亚洲基金共计5.3亿元战略投资。最后，政策的支持成为无人零售业发展的保障。在2017年9月，商务部新闻发言人高峰在新闻发布会上就曾明确指出，无人值守商店能更好满足个性化、多元化的消费需求，并表示要出台政策支持发展无人商店。此外，各地方政府积极把握机遇，积极展开与无人零售行业的合作，例如，缤果盒子获得了当地政府的认可与扶持，已与北京门头沟区、天津南开区、成都双流区、兰州市等多地政府签订合作协议。

但是无人零售的落地，还需要技术进一步发展。无人零售涉及的技术包括身份识别、移动支付、人工智能等方面。技术的壁垒已经是无人零售店目前最大的阻碍，简单来说，无人零售最根本需要解决的是无人收银问题，即某一位客户拿取了什么商品、放回了什么商品、最终购买了哪些商品、如何从该客户的账户中扣款等，同时，还要防止购物过程中可能发生的损坏商品、舞弊偷盗等行为。Amazon Go采用的技术手段是使用量传感器，识别人的动作、商品以及商品位置，根据传感器实时采集的信息，完成无人收银的整个过程。但是这项技术有一定的弊端，目前的测试环境仅能容纳少量用户，或者要求用户放慢移动速度，大面积实施推广有一定难度。缤果盒子目前采用的是RFID技术，他们在每件商品上面均贴上RFID标签，用于结账收款，但是RFID技术推广面临较高成本的问题。

虽然无人零售对于整个零售业，尤其是零售业的终端产生重大的影响，但由于目前还停留在探索期，在创新和技术发展上，还有待改进和提升。无人零售是非常依赖技术而存在的，只有将技术真正融入到实际的零售过程当中，才能解决线下商超和线上零售的诸多痛点和问题。因此，新零售在未来一定是引领零售业不断发展和创新的动力，在各巨头和商家的不断探索和创新中，新零售会走出一条属于自己的独特的道路，而无人店作为新零售的探路者，也会进一步落地，满足消费者更高效、更便捷的体验。

第四节　短视频掀起创业风口

2017 年无疑是短视频大火的一年，2017 年 2 月，腾讯推出“芒种 2.0 计划”，并投入 10 亿元现金补贴原创和短视频自媒体，以鼓励优质内容生产者在自家平台上输出更多优质内容，并于 3 月中旬领投快手 D 轮融资 3.5 亿美元。今日头条也积极开创短视频板块，收购美国短视频平台“Flipagram”，与芒果 TV 达成战略合作，孵化的“火山小视频”和音乐短视频社区“抖音”等动作不断，并开启了国际文化之旅。阿里文娱也不甘落后，4 月初，阿里文娱集团宣布原视频网站土豆将会全面转型为 PUGC 短视频平台，并追加 10 亿元现金投入，以扶植项目发展。作为 BAT 之一的百度，自然也不愿轻易放下风口上的猪肉，加入了短视频之战。4 月，百度视频启动一期规模为 5 亿元的 PGC 内容投资基金，同时高调宣布投资人人视频，引进海外优质短视频等。资本的大量涌入，平台的爆发，催生着一批又一批内容生产者疯狂涌入短视频领域。短视频也渐渐成为所有内容平台的标配，几乎所有互联网平台都有了自己的短视频入口，无论是传统门户，还是新兴的客户端、新闻网站等，都在分发短视频，来为平台提供更多内容。

短视频为何异军突起？首先，碎片化时代为短视频行业发展提供契机。由于网络信息化的飞速发展，网民的注意力变得越来越碎片化，同时，人们的时间也逐渐碎片化。在注意力缺失、时间碎片化的社会，短视频应用的出现恰好满足了人们希望通过碎片化的方式获取资讯与进行社交的需求。其次，近年来移动互联网的普及为短视频行业提供重要驱动力。移动互联网的普及使人们随时随地可以使用手机观看短视频，这为短视频行业流量实现大幅增长奠定了扎实的基础。最后，大量资本的涌入引起短视频行业的爆发。短视频行业充满了机遇，各大互联网巨头纷纷布局短视频，包括投资短视频平台以及内容生产方。资本的大量流入鼓励内容创作者生产更多更高质量的短视频，同时为短视频平台的运营提供了充足的资金支持，促使短视频行业能够充满活力并且保持快速增长的态势。

各大互联网巨头为抢占市场，经历了惨烈的断杀，形成了多数类别头部就位，少数强头部稳定牢固的局面。2017年短视频由10余家创作团队领跑。短视频TOP10的流量占到总播放量的20%，TOP100的流量占到总播放量的50%，剩下10000+档节目的只分得50%的流量，且TOP30—100的区域不断萎缩。短视频允许头部节目任性，短时停更造成的影响几乎可以忽略不计，它们的获客成本在逐渐降低，观众的忠诚度也更高。但对待腰部节目就没这么温柔了，腰部节目须谨慎对待每个变化。当所在行业经历波动时，不管是冷是热，腰部节目都容易向上下两个层级流动，而下行显然更容易发生。强者更强的态势不但在2017年持续强化，还将在2018年继续加剧。分行业也显现出流量两极化的状态，卡思数据流量TOP5的行业占领了总流量的7成，余下的12个行业只能瓜分仅剩的3成份额。竞争白热化让精耕细作刻不容缓，除了制作精良，差异化和创意玩法也决定着节目的生命力。以竞争最为激烈的美食、生活资讯类为例，前者TOP5节目风格独特、类型各异，后者的优质内容已涉及了“生活”的各个维度，非常全面。创作者们都在以各种形式打造自身的独特性，多元化成为必然的趋势。比如美食类节目2017年的年度关键词居然是“古风、创意、大胃王”。前两个方向的关注度贯穿全年，而单纯的大胃王类在年中开始走向疲软。对于短视频来说，直接套用成功模式很可能不会成功。内容人必须要不断推翻自我、积极迭代，来适应越发刁钻的观看需求和加速疲劳的审美标准。这一点，就连头部节目也不可懈怠。如果不主动求变，就会有被替代的风险。①

对于短视频用户来说，短视频在经历了自身的变革之后，为大众带来的必然是积极健康的娱乐方式。短视频在最初是以恶搞为人们所熟知的，内容上良莠不齐，充斥着大量低俗内容。之后，在各方努力之下，以及政策制度逐渐地完善后，短视频走上了一个健康发展的道路。首先，短视频逐渐成为人们展现自我的平台。短视频发展初期，其功能还更多在于“观看”，随着其发展，今天的短视频已经超越了“观看”的意义，在大众呈现自我生活方式、服务生活需求、表达生活观念的广度、深度与速度上，都获得了极大扩展。人们不再仅仅是看客，更积极地分享自己的生

① 《2017短视频行业白皮书》，http：//www. useit. com. cn/thread－18179－1－1. html。

活。其次，短视频已经成为信息传播的重要平台，在发生重大事件面前，人们通过手中的设备，记录下新闻事实，上传到短视频平台，比传统媒体更快，更真实。这样的信息传播方式让我们的生活更加透明化，让信息交流更加便捷。

第十七章　2017年中国新兴技术热点事件

第一节　边缘计算、人工智能等前沿技术创新应用加速

2017年，边缘计算、人工智能等前沿技术加速融合发展，应用深度和广度持续拓展。边缘计算技术广泛应用于智能制造、智慧城市、能源管控等领域，如戴尔的边缘网关5000系列、华为的EC－IoT解决方案等。人工智能与云计算、大数据等技术加速融合应用，如腾讯云的人工智能云服务、腾讯云小微的智能云生态等。

根据边缘计算联盟（ECC）2017年11月发布的边缘计算参考架构2.0，对边缘计算进行了如下定于：边缘计算是在靠近物或数据源头的网络边缘侧，融合网络、计算、存储、应用核心能力的分布式开放平台，就近提供边缘智能服务，满足行业数字化在敏捷联接、实时业务、数据优化、应用智能、安全与隐私保护等方面的关键需求。它可以作为联接物理和数字世界的桥梁，使能智能资产、智能网关、智能系统和智能服务。①

边缘计算具有以下特点：1. 联接性。联接性是边缘计算的基础。2. 数据第一入口。边缘计算作为物理世界到数字世界的桥梁，是数据的第一入口，拥有大量、实时、完整的数据，可基于数据全生命周期进行管理与价值创造，将更好地支撑预测性维护，资产效率与管理等创新应用；同时，作为数据第一入口，边缘计算也面临数据实时性、确定性、多样性等挑战。3. 约束性。边缘计算产品需适配工业现场相对恶劣的工作条件与运行环境，4. 分布性。

① 《边缘计算架构2.0》（2017）。

边缘计算实际部署天然具备分布式特征。5. 融合性。OT 与 ICT 的融合是行业数字化转型的重要基础。[①]

人工智能（Artificial Intelligence），英文缩写为 AI。它是研究、开发用于模拟、延伸和扩展人的智能的理论、方法、技术及应用系统的一门新的技术科学。[②]

根据智能水平，大体可以分为以下几类：1. 弱人工智能（Artificial Narrow Intelligence）：使用人设定的算法和模型，擅长于完成单个方面任务的人工智能。“机器只不过看起来像是智能的，但是并不真正拥有智能，也不会有自主意识。”2. 强人工智能（Artificial General Intelligence）：在各方面都能和人类比肩的人工智能，可以替代人的脑力劳动。“计算机不仅是用来研究人的思维的一种工具，相反，只要运行适当的程序，计算机本身就是有思维的。”3. 超人工智能（Artificial Supe Rintelligence）：“在几乎所有领域都比人类大脑都聪明很多，包括科学创新、通识和社交技能。”

面对行业智能的挑战，边缘计算提供四个关键能力：1. 建立物理世界和数字世界的联接与互动。通过数字孪生，在数字世界建立起对多样协议、海量设备和跨系统的物理资产的实时映像，了解事物或系统的状态，应对变化、改进操作和增加价值。2. 模型驱动的智能分布式架构与平台。在网络边缘侧的智能分布式架构与平台上，通过知识模型驱动智能化能力，实现了物自主化和协作化。3. 提供开发与部署运营的服务框架。开发服务框架主要包括方案的开发、集成、验证和发布；部署运营服务框架主要包括方案的业务编排、应用部署和应用市场。开发服务框架和部署运营服务框架需要紧密协同、无缝运作，支持方案快速高效开发、自动部署和集中运营。4. 边缘计算与云计算的协同。边缘侧需要支持多种网络接口、协议与拓扑，业务实时处理与确定性时延，数据处理与分析，分布式智能和安全与隐私保护。云端难以满足上述要求，需要边缘计算与云计算在网络、业务、应用和智能方面进行协同。[③]

---

① http：//www. zjsee. org/detail/id－782－typeid－13. html.

② 《人工智能的进化之路：从弱人工智能到超人工智能》，https：//www. sohu. com/a/164989639_323700。

③ 《边缘技术参考架构 2. 0》（2017）。

以边缘计算引领人工智能的发展，将有力地推动制造智能化进程，并且让人工智能更加“聪明”。边缘计算解决方法的运用让人工智能变得更加强大，基于边缘计算解决方案的人工智能终端，将在各行各业带来变革，从而改变未来的走向。传统人工智能运算的硬件架构，主要包括中央处理器（CPU）、图型处理器（GPU）、现场可编程数组（FPGA）等。

特定领域的专用人工智能系统，由于应用背景需求明确、深厚之领域知识、模型建立计算简单可行，在单项测试之智能水平，目前已可超越人类智能，在许多领域取得具体成效。如今的技术挑战在于，如何发展低功耗、高准确率的认知计算，包括新型运算架构电路设计、算法等。未来人工智能将由特定的算法加速器，来加速包括卷积神经网络（Convolution Neutral Network）、递归神经网络（Recursive Neutral Network）在内的各种神经网络算法。边缘计算推动人工智能实现变革性发展，这是实现智能制造必须跨过的一步。

虽然目前人工智能领域的主流研究是在服务器上的人工智能运算，但有越来越多应用产品须在终端上进行实时运算，此种技术便是边缘运算的运用。这个发展趋势将改变整体人工智能运算系统架构的设计与技术需求。人工智能在边缘侧的不断扩展，是驾驭数据洪流的关键环节之一，也是物联网未来发展的重要趋势。随着人工智能如火如荼地发展，海量数据需要快速有效地分析和提取洞察，这也大大加强了对于边缘计算的需求。

第二节　工业互联网技术成为制造业转型升级新引擎

2017 年 11 月 27 日，国务院印发了《国务院关于深化“互联网 + 先进制造业”发展工业互联网的指导意见》，为我国工业互联网发展做了顶层部署。《指导意见》指出，工业互联网通过系统构建网络、平台、安全三大功能体系，打造人、机、物全面互联的新型网络基础设施，形成智能化发展的新型业态和应用模式，是推进制造强国和网络强国建设的重要基础，是全面建成小康社会和建设社会主义现代化强国的有力支撑。①

工业互联网（Industrial Internet）最早由 GE 公司提出，GE 公司 CEO 杰夫·伊梅尔特（Jeffrey R. Immelt）认为，工业互联网是一个由机器、设备组、设施和系统网络组成的庞大的物理世界，能够在更深层面与连接能力、大数据、数字分析相结合。美国、德国等发达国家都将工业互联网上升为国家战略，力图通过互联网等信息技术优势加强异地协同制造，破解制造业空心化发展难题。

在互联网诞生初期，只在少量行业得到应用，遑论对传统行业的影响和改造。然而随着分布式计算和移动通信技术的日益成熟，SaaS 和移动互联网使互联网开始深入垂直行业，互联网不再仅仅充当渠道或工具，而是在提升企业生产效率、降低成本的同时，开始改变人们的思维方式和商业运行模式，并创造出新的产业形态。

与消费互联网的火爆相比，工业互联网仍处于技术演进与产业资源整合的阶段，大量核心技术诸如物联网、大数据和人工智能等仍在快速发展之中，在垂直领域的应用不够成熟，产业内部的信息化资源也尚未整合，工业企业尚未意识到工业互联网能带来的变革。事实上，随着相关技术逐渐发展成熟，工业互联网未来的发展空间将远远超过消费互联网。

物联网技术的发展将使信息物理系统建立在分布式传感器网络的基础上，通过在云端集合、处理、分析来自分布式传感器网络的各种数据，可以优化设备的运行和维护，从而提升企业管理的效率。结合大数据分析和人工智能的工业智能应用，企业可以实现对生产状况的分析和预测，甚至突破对传统工艺的认知局限，由量变引发质变。

相比于传统的链式产业，工业互联网将成为横向融合多种技术、纵向连接多个垂直行业的网状产业。这种特点使其更像一艘产业的航空母舰，上面承载着各种形态的子产业。例如，工业智能机器人既是一个独立的产业概念，同时又是工业互联网母产业上的一部分，因为其所需的大量终端通信、分布计算和智能控制技术都来源于工业互联网产业的各个技术层面。

从构成要素角度看，机器、数据和人共同构成了工业互联网生态系统。

① 《国务院关于深化“互联网＋先进制造业”发展工业互联网的指导意见》。

从核心技术角度看，贯彻工业互联网始终的是大数据，工业互联网的本质就是构建一套数据自动流动的运行体系，即将正确的数据（所承载知识）在正确的时间传递给正确的人和机器，以信息流带动技术流、资金流、人才流、物资流，进而不断优化制造资源的配置效率。从应用创新角度看，工业互联网集聚了大量技术路径不同、商业模式迥异的利益相关方，通过将建设者、开发者、用户、产业链上下游企业、中小微企业、其他利益相关者连接在一起，形成一个超大规模的开放共享、创新协作、能力交易、价值共创的双边市场。例如，在工业互联网平台建设方面，工业互联网平台是一个由平台建设商、解决方案提供商、开发者等多方主体构建的“双创”平台。工业互联网平台包括数据采集层、平台开发层（工业 PaaS）和应用服务层（工业 APP），需要多方主体合作构建。其中，数据采集层主要由自动化企业、ICT 企业等解决方案提供商主导，核心是通过协议兼容、转换实现多源设备、异构系统的数据可采集、可交互、可传输。平台开发层主要由工业企业主导，核心是将大量工业技术原理、行业知识、基础模型规则化、软件化、模块化，并封装为可重复使用的微服务。应用服务层由软件开发商、应用开发者主导，核心是面向特定行业、特定应用场景开发工业 APP，通过多方主体的协同参与，推动形成资源富集、合作共赢、协同演进的制造业“双创”生态。GE、西门子、施耐德、航天云网、东方国信等公司通过与平台商、组件商、集成商合作以达到“强强联合”的效果。越来越多的企业通过战略合作、投资并购等方式，扬长避短、优势互补，将制造企业深厚的工业知识经验，互联网企业丰富的平台运营经验、数据分析能力，科研院所雄厚的战略性、前瞻性、基础性研究实力充分结合起来，建设开放完善的产业生态，为客户提供更强大的服务。

第三节　窄带物联网在新型智慧城市中的应用持续升温

近年来，窄带物联网（NB－IoT）的应用日趋广泛，尤其是在新型智慧城市中的应用步伐明显加快。工信部印发的《信息通信行业发展规划（2016—

2020年)》提出了统筹推进云计算和大数据平台发展，支持政务、行业运营商提速窄带物联网商用，中国电信发布“NB-IoT企业标准”，启动广东、江苏等7省12市大规模外场实验，中国联通、中国移动提速NB-IoT外场测试部署和试点城市建设。

2017年，各地区积极探索窄带物联网在智慧城市的应用。2017年1月，江西省鹰潭市人民政府和中国移动江西分公司、华为在南昌签署了《鹰潭窄带物联网试点城市全面合作框架协议》,① 作为信息惠民、智慧城市和电信普遍服务的三个国家级试点城市之一，物联网技术在鹰潭市信息惠民、城市管理、产业升级转型方面具有良好的应用基础。

2017年元旦，中国（福州）物联网产业孵化中心（一期）项目动建。项目位于马尾高新园内，总投资17亿元，占地近100亩，预计2018年底建成投用。中心将建设物联网产业公共服务平台、技术创新中心、孵化中心等，并引进相关物联网企业入驻，推动窄带物联网技术研发和应用。4月28日，由中科院上海微系统与信息技术研究所、福州市政府、马尾区政府共同出资建设，华为提供技术支持的福州物联网开放实验室揭牌。目前，这个物联网创新服务平台建设进展顺利，参与编制物联网国家标准5项、行业标准3项和地方标准7项。11月8日，福建省物联网产业联盟与福州物联网产业促进中心同时成立，马尾发展物联网再添重要的载体平台。

2018年初以来，通过出台扶持物联网发展优惠政策、动建福州物联网产业孵化中心、成立福州物联网开放实验室等，物联网浪潮中的“马尾脉动”持续发力，载体平台不断扩展，集聚效应不断显现。截至10月底，马尾通过认定的物联网企业104家，物联网产业实现产值约560亿元，全年有望突破600亿元。物联网，正在成为推动马尾这个国家级开发区再度腾飞的加速器。发力物联网，马尾有基础有优势。这里集聚了一批具有核心竞争力的知名企业，如新大陆、上润精密、福光电子、冠林科技等，它们在感知、传输、应用等物联网细分领域都具有较强实力。

随着窄带物联网技术加速成熟，其在远程抄表、智能停车、智能路灯等

① 中国新闻网：《江西鹰潭率先建设全域窄带物联网打造新型智慧城市》，http://www.jx.chinanews.com.cn/news/2017/0105/5549.html。

多个领域将有更多应用，会涌现出更多创新模式和解决方案。得益于窄带物联网标准的加快制定和国内运营商与设备制造商的共同推动，2017 年窄带物联网技术在公共事业管理、智慧城市建设应用等方面获得了快速发展。根据技术发展和行业应用预测，未来几年我国物联网行业年均增速将达到 30%，到 2018 年市场规模将达到 15000 亿元人民币，芯片传感器、重点行业和平台型应用等细分领域有望最先受益。

第四节 5G 全面商用时代加速到来

2017 年是 5G 发展的关键年，商用步伐加速态势明显。为了尽早实现 5G 商用，国内各主要运营商和设备商以及相关产业链对 5G 技术进行攻关突破。2017 年 5G 从商用启动到端到端 5G 新空口系统的成功互通的商用里程碑走过了一段稳步推进的进程。

2017 年初，工信部公布的《信息通信行业发展规划（2016—2020 年）》和国家发展改革委发布的《信息产业发展指南》为我国 5G 技术和产业发展提供了政策保障。2017 年 2 月，中国阐明了在 5G 开发领域要和全球加强合作的立场。紧接着在 2 月底，5G 第二阶段测试拉开了帷幕。在 2017 年全国两会上，5G 首次在《政府工作报告》中被提及。《政府工作报告》指出："全面实施战略性新兴产业发展规划，加快新材料、人工智能、集成电路、生物制药、第五代移动通信等技术研发和转化，做大做强产业集群。"5G 被写入《政府工作报告》，体现了国家对于发展 5G 的决心，同时也意味着 5G 商用步伐进一步加快，它将加速影响各行各业，推动经济社会发展，发挥全行业、全社会的基础性支撑作用。

2017 年 6 月，华为提前完成了业务验证，5G 产业化取得了突破性进展。6 月，华为率先完成中国 5G 技术研发试验第二阶段测试，针对未来 5G 三大场景的业务特点，实现了一张网络同时使能多种业务，各项技术指标超出 ITU（国际电信联盟）对 5G 定义的要求。

表 17－1　三大运营商 5G 推进计划

运营商	推进计划
中国移动	2017 年：5G 外场测试 2018 年：实现预商用 2019 年：扩大规模数量 2020 年：5G 正式商用
中国联通	2017 年：完成实验室环境建设 2018 年：开展规模试验 2019—2020 年：完成 5G 规模部署，正式商用
中国电信	2017—2018 年：提出 5G 演进技术方案，开展实验室与外场试验 2019 年：建成预商用网 2020 年：5G 正式商用，持续开展研究试验

资料来源：据新华网等公开资料整理，2018 年 8 月

国家层面十分重视 5G 的发展，《国民经济和社会发展第十三个五年规划纲要》《“十三五”国家信息化规划》等文件均对 5G 技术研发和商用提出了明确的要求。运营商部署 5G 商用时间表，纷纷计划近两年建立开放实验室进行 5G 技术规模试验、试商用，2020 年实现 5G 技术规模商用。在政府政策和市场需求双重驱动下，5G 商用时代加速到来，对经济社会各领域的支撑作用将显著增强。

展 望 篇

第十八章　2018 年中国信息化面临形势

第一节　信息技术创新呈现群集交叉融合、多点协同跃升特征

当前，信息技术创新呈现颠覆性、爆发式突破，深刻改变传统技术架构，成为引领各领域创新的重要支撑。一方面，信息技术与生物技术、新能源技术、新材料技术等交叉融合，使得信息技术在各个领域的应用潜能裂变式爆发和扩散，引发以绿色、智能、泛在为特征的群体性技术突破。另一方面，信息技术呈现多点协同跃升的新趋势。物联网、云计算、大数据、人工智能、区块链、脑机接口等技术发展不同于过去单兵作战、自我迭代的演进升级规律，技术之间的边界越来越模糊，融合性和体系化日益凸显。云计算、大数据、集成电路等技术快速迭代创新和融合发展，使得以计算 + 算法 + 数据为核心的人工智能技术成为通用目的性技术，推动生物识别、区块链、无人机、机器人、VR/AR、3D 打印、人机交互等多种泛 ICT 技术日趋成熟，构建形成人机互融、云脑一体、数字与现实孪生映射的新图景。人类活动所需要的传统意义上的时空因感知、连接、数据和计算技术的发展被不断压缩、虚拟化，带动人类社会步入大智移云联万物的智慧化数字化新时代。

第二节　推进供给侧结构性改革要求以信息化发展提升供给质量和效率

从国内看，我国正处在转变发展方式、优化经济结构、转换增长动力的

关键期，经济发展进入“爬坡过坎”的关键节点，促进经济增长的原有动能逐渐衰减，而新的增长动能尚在孕育，其突出表现为供需之间结构性错位。破解中国经济供需结构性错位，推进供给侧结构性改革的根本出路在于促进新供给、创造新需求、培育新动能。加快发展信息化，有利于重构生产体系、引领组织变革、提高配置资源，有利于培育新技术、新产品、新业态、新模式，有利于打造新型制造体系，加快形成经济增长新动能。一方面，各类互联网应用服务平台通过实现企业创新资源的数字化、在线化、交互化、共享化，催生出更多贴合市场需求的新技术、新产品、新服务，提高供给质量，催生消费需求。另一方面，各类互联网应用服务平台通过构建客户需求深度挖掘、实时感知、快速响应、及时满足的创新体系，能够即时响应消费者个性化需求。再者，各类互联网应用服务平台通过实现供需信息透明化、消费者深度参与和生产过程柔性化，为企业基于用户需求设计、生产、服务提供支撑，实现了按需精准供给，大大缓解了产能过剩的问题。

第三节　互联网、大数据、人工智能与实体经济融合发展为信息化创新应用提供广阔空间

当前，互联网、大数据、人工智能是新一代信息技术的典型特征，随着信息技术和人类生产生活交汇融合，互联网快速普及，全球数据呈现爆发增长、海量集聚的特点，对经济发展、社会治理、国家管理、人民生活都产生了重大影响。习近平总书记在十九届中央政治局第二次和第三次集体学习时均强调，“要推动互联网、大数据、人工智能和实体经济深度融合”。这是党中央立足人民日益增长的美好生活需要和不平衡不充分的发展之间的矛盾，紧紧把握新时代的信息化新特征和新要求，审时度势，深刻理解、准确把握互联网发展规律，瞄准“两个一百年”奋斗目标，做出的战略谋划和前瞻部署。随着互联网、大数据、人工智能与实体经济融合发展的深度和广度不断增加，万物互联、数据驱动、软件定义、平台支撑、智能主导的特征日益明显，将给人们的生产方式和生活方式带来革命性变化，信息化的发展和应用将拥有更为广阔的空间，成为推动新技术创新、新产品培育、新业态扩散和

新模式应用的重要途径，成为推动实体经济质量变革、效率变革、动力变革，实现经济高质量发展的现实选择。

第四节　数字经济浪潮下企业打造转型新能力的诉求更加迫切

当前，云计算、物联网、人工智能等数字技术迅猛发展，传统意义上的时空因感知、连接、数据和计算技术的发展和应用被不断压缩、虚拟化，智能终端等新型工具大量涌现，数据资源成为新的生产要素，劳动者的知识和创造力不断增强，数字技术在经济社会发展中的作用，已经从提升效率和劳动生产率的辅助角色，上升到生产力的中心位置，从而快速演变为基础创新和创造的赋能者。数字转型成为信息革命和信息化发展的新阶段，是抢占产业竞争主导权的重要战略，正在从根本上改变制造企业的面貌。企业需要紧紧抓住信息技术变革浪潮，加快数字转型，形成基于数字化结构并以数据驱动的业务模型，提高数字竞争力。

从企业看，以客户为中心是企业在市场竞争中存活下来的关键。数字化浪潮的到来，用户信息不对称的地位得到极大改变，客户感知价值最大化成为导向，从根本上改变了传统以生产为主导的商业经济模式，给企业的经营带来了巨大的挑战，也带来了新的机遇。一方面，企业的生产方式、业务流程需要快速适应因客户需求多样化而带来的复杂性和不确定性，另一方面，企业还需要在海量的用户数据挖掘中发现更多的价值增值部分。有别于传统工业化发展时期的竞争模式，数字经济时代企业核心竞争能力从过去传统的“制造能力”变成了“服务能力 + 数字化能力 + 制造能力”。企业要具备开展技术研发创新的能力，加快研发设计向协同化、动态化、众创化转型，是要具备生产方式变革的能力，加快工业生产向智能化、柔性化和服务化转变，企业要具备组织管理再造的能力，加快组织管理向扁平化、创客化、自组织拓展，企业要具备跨界合作的能力，推动创新体系由链条式价值链向能够实时互动、多方参与的灵活价值网络演进。

第十九章　2018 年中国信息化发展趋势

第一节　信息化为“新四化”同步发展注入活力

2018 年，随着新一代信息技术向经济社会各领域加快渗透，共享经济、平台经济、互联网金融、微经济等新业态新模式不断涌现，信息化的叠加效应、聚合效应和倍增效应充分释放，将有力催生经济社会发展新动能，信息化将有力助力提升新型工业化、农业现代化、城镇化的质量和层次。第一，信息化是农业现代化的重要支撑。据商务部数据，2017 年全国农村实现网络零售额 12448. 8 亿元人民币，同比增长 39. 1% 。第二，信息化与新型工业化深度融合步伐加快。如海尔集团运用“互联网 +”思维重构企业内部管理体系，搭建资源共享平台，提升家电制造效率，实现转型发展。第三，信息化将成为推进城镇化的重要抓手。如乌镇互联网特色小镇坚持以互联网为特色，推进智能制造、互联网金融、数字内容等产业发展，打造“互联网会务会展小镇、互联感知体验小镇、智慧应用示范小镇、互联网产业特色小镇”，腾讯众创空间、互联网医院、金融咖啡等一批应用新模式落地实施，互联网在推进乌镇创新发展中发挥了重要作用。

第二节　核心信息技术自主创新步伐将加快

新一轮科技革命和产业革命的根本标志、关键动力就是关键领域核心技术的创新与突破，当前，美国将对我国遏制和打压的火力点集中在关键领域核心技术上，通过知识产权、技术转让和创新方面的限制，全面挑战我国的宏观经济政策和产业政策，压缩我国支持先进技术和高端产业发展的政策空间。2018 年 4 月 16 日，美国商务部宣布对中兴通讯执行长达 7 年即期生效制裁禁令，再次警示了我国在信息化关键领域核心技术亟须“补课”，即使强大如中兴这样为全球几十亿用户提供服务、在一定程度上主导全球通信标准的制定、在全球通信领域进入第一梯队的企业，在智能手机上依然高度依赖高通芯片及 Android 操作系统，在关键技术领域还有很大的提升空间。4 月 20 日，习近平总书记在全国网络安全和信息化工作会议上指出，“核心技术是国之重器，要下定决心、保持恒心、找准重心，加速推动信息领域核心技术突破”。此次美国对中国加征关税的领域主要是《中国制造 2025》中计划发展的航空、新能源汽车、新材料等高科技产业，实质是美国力图在尖端科学技术领域遏制我国的追赶速度，凸显了我国加快核心关键技术独立研发的重要性和紧迫性。只有努力实现核心关键技术自主创新，才能掌握创新主动权、发展主动权、谋求竞争优势。预计 2018 年，通过中兴被制裁一事，国家和相关企业更加清楚地看到了拥有自主核心技术的重要性和紧迫性，会更加强调自主研发的重要性，加快芯片、5G 等基础性、关键性核心技术的投入与研发，尽快在基础性、关键性核心技术上掌握话语权和主动权。

第三节 人工智能将驶入“技术创新 + 平台建设 + 应用深化”发展快车道

2018 年，我国人工智能将步入发展快车道，围绕技术创新、平台建设、应用深化等方面持续发力，人工智能技术应用所催生的商业价值逐步凸显。深度学习、AI 芯片等人工智能核心技术将取得突破性进展，有望培育起若干全球领先的人工智能骨干企业，形成百亿级的人工智能市场应用规模，《中国人工智能发展报告 2018》显示，2017 年中国人工智能市场规模达到 237 亿元，同比增长 67%，预计 2018 年我国人工智能市场增速将达 75%。越来越多的创业公司、资本、行业巨头纷纷加入到人工智能的研究和场景应用中来，相关产品、产业、服务和标准化体系加快建立，资源富集、多方参与、协同创新的人工智能发展生态将加快形成。人工智能逐步切入到经济社会生活的方方面面，带来生产效率及生活品质的大幅提升，如在新零售的场景中，以视觉为核心的智能技术将得到广泛应用，带来购物体验的质的变化；在经过多年的软硬件创新积累后，将会有更多形态、更多功能的智能机器人走入家庭生活、行业应用，改变人们的生产生活方式。

第四节　以数据为关键要素的数字经济蓬勃发展

2018年，随着数字经济政策环境持续优化，我国数字经济将进入加速发展关键期，数字基础设施支撑能力显著增强，云计算、大数据、人工智能、物联网等新技术新应用不断拓展，平台经济、分享经济等新模式新业态涌现，电子商务、互联网金融、网络教育、在线娱乐等重点领域快速增长，基于大数据的精准营销、决策咨询、征信评估等新型业务迅速兴起，基于互联网平台的一体化、整合性创新服务层出不穷，远程医疗、智能教辅、居家康养等协同互助的公共服务模式不断创新，公共服务供给能力显著提升，自助支付、无人超市、无人便利店等新模式新业态将持续涌现，更好地满足消费者的个性化需求。数字经济潜力和动能加速释放，将以前所未有的渗透力、影响力重塑经济形态，改变人们的生产生活方式。

第五节　政务信息整合共享推动“互联网+政务服务”水平进一步提升

2018年，随着政务信息系统整合共享的进一步实施和政务信息共享平台体系建设的深入推进，以及互联网、大数据、人工智能等信息技术在电子政务领域的深入运用，全国一体化的政务信息共享体系将基本形成，“互联网+政务服务”体系建设有望在此基础上向全国一体化的方向迈出坚实步伐，“互联网+政务服务”效能将整体提升，以国家政务服务平台为枢纽、以各地区各部门网上政务服务平台为基础的全流程一体化在线服务平台逐步形成，我国省级政务服务事项网上可办率将不低于80%，市县级政务服务事项进驻综合性实体政务大厅比例不低于70%，省市县各级30个高频事项实现“最多跑一次”，国家电子政务将走向以人民为中心的健康发展之路。

第六节 基于工业互联网平台的先进制造体系将加快构建

2018年，制造业竞争由产业链向生态链竞争加速演进，工业互联网平台将成为制造业生态竞争的制高点和新焦点。工业互联网是涵盖从软件到硬件、从数字到实体、从厂内到厂外的复杂生态体系，应用主体多样、应用形式丰富，单打独斗难以应对复杂情况，需要构建各类创新主体参与、优势互补、开放共享的产业生态，构建合作伙伴关系和生态系统将成为工业互联网发展的主要途径。GE、西门子、施耐德、航天云网、东方国信等公司通过与平台商、组件商、集成商合作以达到“强强联合”的效果。未来，越来越多的企业将通过战略合作、投资并购等方式，扬长避短、优势互补，将制造企业深厚的工业知识经验、互联网企业丰富的平台运营经验、数据分析能力、科研院所雄厚的战略性、前瞻性、基础性研究实力充分结合起来，建设开放完善的产业生态，为客户提供更强大的服务。

第七节 跨境电商引领“数字丝绸之路”跨越发展

2018年，跨境电子商务将借力“数字丝绸之路”进入高速发展期。国家对跨境电商的政策扶持力度将不断加大，从国务院层面到部委层面，利好跨境电商发展的政策密集出台，降低进口日用消费品关税、跨境电商综合实验区扩围等不断释放利好。7月13日，国务院常务会议决定新设一批跨境电子商务综合试验区，北京、呼和浩特、沈阳、义乌等22个城市入选，跨境电商综合试验区的数量进一步扩大到35个。在此背景下，涵盖通关、物流、仓储、税收、金融等领域的跨境电商综合服务体系将持续完善，与沿线各国在货币结算清算、纠纷解决、信用体系建设、隐私安全等领域国际规则制定等方面将展开广泛合作。更多的互联网企业、信息技术服务企业将加快走出去步伐，与沿线国家在跨境电商平台、海外仓建设等领域开展务实合作。各方跨境电子商务平台或企业将通过共建海外仓、海上驿站、物流中转基地等，建立统一范式和标准的“一带一路”跨境电子商务海外仓储，并推动企业海外仓向海外综合运营中心转型，建立线上线下的一站式服务综合体。充分利用“一带一路”通道建设的契机，建立跨境电商物流运输网络，推出多语种车货匹配 APP、跨境物流信息化平台等解决方案，从而有效解决“一带一路”沿线车货匹配和物流互通问题。随着跨境电商平台不断发展完善，我国与“一带一路”沿线国家的商品流通将更为方便，同时带动沿线国家电子商贸、交易平台、支付结算等技术发展与应用，推动“一带一路”沿线形成新的商业格局和产业链，将更多“一带一路”沿线国家链接到世界产业链大网络之中。

附　件

一、分省域名数、分省．CN 域名数、分省．中国域名数

省份	域名		．CN 域名		．中国域名	
	数量（个）	占域名总数比例	数量（个）	占．CN 域名总数比例	数量（个）	占．中国域名总数比例
福建	8824912	22.9%	5820350	27.9%	1496239	78.9%
北京	5374574	14%	2752795	13.2%	201121	10.6%
广东	3978682	10.3%	1520838	7.3%	28764	1.5%
上海	2405562	6.3%	1437350	6.9%	21524	1.1%
浙江	2075633	5.4%	1166955	5.6%	12120	0.6%
江苏	1616149	4.2%	609358	2.9%	13801	0.7%
河南	1231752	3.2%	559891	2.7%	5220	0.3%
山东	1196463	3.1%	447051	2.1%	16429	0.9%
四川	1183839	3.1%	494879	2.4%	10962	0.6%
湖南	1124496	2.9%	719366	3.5%	3194	0.2%
湖北	789674	2.1%	406515	2%	4489	0.2%
安徽	721542	1.9%	261928	1.3%	3024	0.2%
河北	637602	1.7%	229761	1.1%	6282	0.3%

续表

省份	域名		.CN 域名		.中国域名	
	数量（个）	占域名总数比例	数量（个）	占.CN 域名总数比例	数量（个）	占.中国域名总数比例
广西	528885	1.4%	334905	1.6%	2412	0.1%
辽宁	474958	1.2%	181654	0.9%	7656	0.4%
重庆	437663	1.1%	213864	1.0%	5474	0.3%
陕西	396283	1.0%	166753	0.8%	4597	0.2%
海南	385853	1.0%	323246	1.6%	452	0.0%
江西	332293	0.9%	159217	0.8%	9005	0.5%
天津	265043	0.7%	98504	0.5%	2361	0.1%
贵州	254716	0.7%	144022	0.7%	1794	0.1%
吉林	246436	0.6%	134992	0.6%	2055	0.1%
山西	244481	0.6%	107905	0.5%	2268	0.1%
云南	233410	0.6%	99283	0.5%	4998	0.3%
黑龙江	201075	0.5%	74856	0.4%	7654	0.4%
甘肃	116618	0.3%	49167	0.2%	603	0.0%
内蒙古	99292	0.3%	43796	0.2%	1799	0.1%
新疆	82352	0.2%	32374	0.2%	798	0.0%
宁夏	32747	0.1%	14713	0.1%	1200	0.1%
青海	20124	0.1%	4034	0.0%	141	0.0%
西藏	17882	0.0%	12684	0.1%	264	0.0%
其他	2949364	7.7%	2222507	10.7%	17045	0.9%
合计	38480355	100.0%	20845513	100.0%	1895745	100.0%

资料来源：CNNIC 第 41 次《中国互联网络发展状况统计报告》。

二、分省网站数

	网站数量（个）	占网站总数比例
广东	777464	14.6%
北京	705622	13.2%
上海	414567	7.8%
浙江	400281	7.5%
山东	312313	5.9%
福建	302777	5.7%
江苏	289345	5.4%
河南	235364	4.4%
四川	233502	4.4%
河北	131471	2.5%
辽宁	123272	2.3%
湖北	116646	2.2%
湖南	87629	1.6%
安徽	80503	1.5%
陕西	68675	1.3%
天津	58202	1.1%
山西	54983	1.0%
重庆	54588	1.0%
广西	50333	0.9%
江西	44145	0.8%
黑龙江	43015	0.8%
吉林	33284	0.6%
云南	26658	0.5%
海南	25310	0.5%
贵州	19741	0.4%

续表

	网站数量（个）	占网站总数比例
内蒙古	17262	0. 3%
甘肃	12944	0. 2%
新疆	10611	0. 2%
宁夏	7105	0. 1%
青海	3586	0. 1%
西藏	1547	0. 0%
其他	590233	11. 1%
合计	5332978	100. 0%

资料来源：CNNIC 第 41 次《中国互联网络发展状况统计报告》。

后　记

当前，新一代信息技术正处于应用突破的关键期，5G、人工智能、区块链、虚拟现实等新技术研发取得积极进展，即将进入大规模应用阶段，对政治、经济、社会等各个方面的影响也将持续而深远地释放。习近平总书记指出，网信事业代表着新的生产力和新的发展方向，应该在践行新发展理念上先行一步，围绕建设现代化经济体系、实现高质量发展，加快信息化发展，整体带动和提升新型工业化、城镇化、农业现代化发展。加快信息化发展，抓住新一代信息技术应用突破的关键节点，推进国家治理体系和治理能力现代化，实现数字经济领先发展，助力全面深化改革，是破解发展难题，决胜全面建成小康社会的关键。为摸清我国信息化发展现状，帮助政府部门准确把握信息化发展的趋势和规律，赛迪智库信息化研究中心组织专门团队，组织撰写了《2017—2018 年中国信息化发展蓝皮书》。

参加本课题研究、数据调研及观点提炼的人员有：杨春立、姚磊、许旭、王蕤、高婴劢、余坦、刘若霞、袁晓庆、鲁金萍、张朔、卢竹、徐靖、王伟玲、赵争朝、李弘扬、闫岩、边大成、王婧、宋颖昌、王珂飞、孙刚等。本书的出版还得到了中国电子信息产业发展院软科学处的大力支持，在此一并表示诚挚感谢。

本书的内容和观点虽然经过广泛而深入的讨论，在编写过程中也经过多次修改和提炼，但由于涉及领域宽、研究难度大，有些实践还待时间考验，加之编者的理论水平、眼界和视野所限，难免存在不少缺点和不足，敬请广大读者批评指正。

思想，还是思想
才使我们与众不同

《赛迪专报》
《赛迪译丛》
《赛迪智库·软科学》
《赛迪智库·国际观察》
《赛迪智库·前瞻》
《赛迪智库·视点》
《赛迪智库·动向》
《赛迪智库·案例》
《赛迪智库·数据》
《智说新论》
《书说新语》
《两化融合研究》
《互联网研究》
《网络空间研究》
《电子信息产业研究》
《软件与信息服务研究》
《工业和信息化研究》
《工业经济研究》
《工业科技研究》
《世界工业研究》
《原材料工业研究》
《财经研究》
《装备工业研究》
《消费品工业研究》
《工业节能与环保研究》
《安全产业研究》
《产业政策研究》
《中小企业研究》
《无线电管理研究》
《集成电路研究》
《政策法规研究》
《军民结合研究》

编 辑 部：工业和信息化赛迪研究院
通讯地址：北京市海淀区万寿路27号院8号楼12层
邮政编码：100846
联 系 人：王 乐
联系电话：010-68200552 13701083941
传　　真：010-68209616
网　　址：www.ccidwise.com
电子邮件：wangle@ccidgroup.com

咨询翘楚在这里汇聚

信息化研究中心　工业化研究中心　规划研究所
电子信息产业研究所　工业经济研究所　产业政策研究所
软件产业研究所　工业科技研究所　军民结合研究所
网络空间研究所　装备工业研究所　中小企业研究所
无线电管理研究所　消费品工业研究所　政策法规研究所
互联网研究所　原材料工业研究所　世界工业研究所
集成电路研究所　工业节能与环保研究所　安全产业研究所

编 辑 部：工业和信息化赛迪研究院
通讯地址：北京市海淀区万寿路27号院8号楼12层
邮政编码：100846
联 系 人：王 乐
联系电话：010-68200552 13701083941
传　　真：010-68209616
网　　址：www.ccidwise.com
电子邮件：wangle@ccidgroup.com